LES NOUVEAUX VIEUX

DU MÊME AUTEUR

DÉDÉ
Quitte ou Double, 2004

LES 400 COUPS DE GILLES PROULX
Quitte ou Double, 2005

Raymond Paquin

LES NOUVEAUX VIEUX

Quitte ou Double

Édition, documentation et infographie : Lise Durocher
Photo de la page couverture : collection groupe Maurice
Photos : collection Luc Maurice, collection groupe Maurice, archives publiques
et John Hachez (pages 16, 22, 66, 112, 115, 163, 172, 173, 228 et 240)

QUITTE OU DOUBLE
C.P. 63054 - 40, Place du Commerce
Île-des-Sœurs, Verdun (Québec) H3E 1V6
Téléphone : 514-762-6396
Courriel : quitteoudouble@videotron.ca

Diffusion au Canada :
FIDES (SOCADIS)
358, boulevard Lebeau
Saint-Laurent (Québec) H4N 1R5
Tél. : 514-745-4290
Fax : 514-745-4299

© Quitte ou Double et Raymond Paquin, 2008
Dépôt légal - 4ᵉ trimestre 2008
Bibliothèque nationale du Québec
Bibliothèque nationale du Canada
ISBN 978-2-923340-02-9

Je dédie ce livre à ma mère, qui est en perte d'autonomie cognitive depuis plusieurs années, à ma sœur Suzanne et à tous les membres de ma famille qui, à 640 kilomètres d'ici, l'accompagnent dans son dernier âge avec une générosité qui me touche au-delà des mots, toujours trop faciles.

Raymond Paquin
Île-des-Sœurs, décembre 2008

Quand j'étais plus jeune, je voyais des gens de soixante-dix ans qui me paraissaient très vieux. Aujourd'hui, la grande majorité des aînés sont en pleine forme, demeurent actifs et vieillissent bien. On disait il n'y a pas si longtemps que le vieillissement de la population allait faire des aînés un fardeau. Or, c'est loin d'être le cas: les aînés d'aujourd'hui sont un actif pour la société.

Laurent B<small>EAUDOIN</small>

Avant-propos

Quand elle a relu mon manuscrit – après l'avoir monté, trituré, documenté et corrigé –, mon éditeur m'a fait la confidence suivante.

— Je croise souvent des personnes âgées quand je promène Filou dans les parcs de l'Île-des-Sœurs et je ne les vois plus du même œil. Je prends plaisir à parler avec eux et je prends conscience de ce qu'ils peuvent nous apporter.

Je viens de vivre une année riche en découvertes de toutes sortes. J'ai rencontré des hommes et des femmes à la retraite depuis dix, quinze, vingt et trente ans... et qui ont le temps de réfléchir.

Ils apprennent à vivre ensemble dans les complexes résidentiels de l'avenir.

S'il y a une solution à ce que d'aucuns appellent «le vieillissement de la population», elle viendra d'eux, pour peu qu'on se donne la peine de les mettre à contribution.

PREMIÈRE PARTIE

Introduction

LE GROS COMPLEXE AU BOUT DU STATIONNEMENT

> *Il est plus facile de désintégrer un atome qu'un préjugé.*
> Albert Einstein

2005

Je le connaissais sans le connaître. Il était pour moi un peu plus qu'un inconnu et un peu moins qu'une connaissance. Je savais qu'il s'appelait Luc Maurice, qu'il habitait à l'Île-des-Sœurs, qu'il lui arrivait d'acheter des Player's filtre à l'unité, qu'il enfilait les bols de café au lait et les cocktails de jus de fruits à un rythme d'enfer, qu'il roulait ses manches de chemise et qu'il connaissait à peu près tous les habitués du Café Vienne.

Nos conversations, pour chaleureuses qu'elles étaient, ne dépassaient jamais le stade préliminaire.

Un jour, au Café Vienne, quelqu'un m'a glissé quelque chose à l'oreille.

— Tu vois, le gros complexe au bout du stationnement?

— Ambiance?

Je venais justement de lire quelque chose là-dessus dans la dernière édition du *Magazine*, l'hebdo de l'Île-des-Sœurs, et j'avais entraperçu, à partir d'un abribus qui donne sur la Place du Commerce, un panneau sur lequel il y avait d'écrit «Ambiance».

— Ça appartient à Luc Maurice, le gars en chemise bleue, là-bas. Le connais-tu?

— Si j'le connais! C'est lui qui te l'a dit?

— Y vient de louer un trois et demi à ma grand-mère. J'ai vu le DVD de présentation. J'vivrais là n'importe quand...

Le complexe résidentiel Ambiance, vu de la terrasse du Café Vienne, à l'Île-des-Sœurs.

Il jouait machinalement avec ses lunettes de lecture quand je suis arrivé à sa hauteur. D'où nous étions, nous avions une vue imprenable sur son complexe.

Je dois dire que j'étais assez impressionné.

Je lui ai fait part de la conversation que je venais d'avoir et je n'ai pas pu m'empêcher de lui demander s'il faisait vraiment dans l'immobilier.

— Oui et non... Je construis des complexes résidentiels pour retraités, c'est vrai, mais je suis d'abord et avant tout un gestionnaire. Je fournis des services et des soins à des personnes retraitées autonomes, semi-autonomes et en perte d'autonomie cognitive ou physique. Je ne les considère pas comme un actif immobilier...

Si je ne m'étais pas retenu, je me serais assis à sa table et je l'aurais cuisiné d'aplomb, mais je me suis gardé une petite gêne. Je m'en suis plutôt tenu aux généralités.

— C'est ouvert?

— On ouvre le 1er juillet.

— Il y a combien d'appartements à louer là-dedans? Cent? Deux cents?

— 209 appartements autonomes et 48 studios de soins.

Je ne l'ai pas questionné là-dessus non plus.

— Tu te donnes combien de temps pour louer tes appartements-machins?

— Si tout se passe comme prévu, je devrais avoir signé 70% de mes baux d'ici deux mois.

— Sérieux?

— C'est bien parti, en tout cas. Les retraités ont l'air de se passer le mot.

— Fais-tu de la publicité?

Je lis les journaux, j'écoute la radio, je regarde la télévision et, comme tous les résidants de l'Île-des-Sœurs, je reçois des prospectus et des tracts publicitaires à la tonne, mais je n'avais encore rien lu, rien entendu et rien vu qui ressemblât à une publicité du groupe Maurice.

— J'annonce dans les revues spécialisées. Nos études de marché ont démontré que l'Île-des-Sœurs était l'endroit idéal pour construire le genre de complexe résidentiel haut de gamme que j'avais en tête.

Je n'ai pas insisté.

— 70% avant l'ouverture?

— 75, si possible...

— J'te paye un café si tu y arrives.

Je suis retourné dans mon monde et je l'ai laissé dans le sien.

Je l'ai recroisé cinq ou six semaines plus tard.

— J'te dois-tu un café au lait?

— Ça s'en vient... Encore 2%.

— T'es rendu à 68%?

J'ai fait le calcul dans ma tête. 209 appartements-choses plus 48 studios de soins, multiplié par un gros 68%... Ça voulait dire qu'il avait loué 175 de ses 257 unités de logement et de soins à un minimum de 175 retraités...

— Ça vient d'où, tout ce monde-là?

— De l'Île-des-Sœurs.
— Il y a tant de retraités que ça à l'île?

Un matin, chez Cora, il m'a dit en passant qu'il venait de signer son dernier bail.
J'ai flippé.
— Es-tu en train d'me dire que j'te dois un café au lait?
— Je viens d'en boire trois...
— Prends-en un autre... Fais-le pour moi.
Je l'ai regardé dans les yeux. Il avait l'air content de lui.

Un samedi, j'ai lu dans le *Magazine* de l'Île-des-Sœurs que le président du groupe Maurice venait d'offrir sept systèmes de climatisation à autant de CHSLD publics qui n'avaient pas les moyens de s'en payer. Je ne suis pas méfiant de nature, mais j'avoue que j'ai tiqué. Je me suis demandé s'il y avait trouvé son compte, s'il y avait un calcul quelconque derrière la générosité désintéressée que sous-entendait son geste.
Un philanthrope, le président du groupe Maurice?
J'essayais de me faire une idée là-dessus en me promettant de lui en glisser un mot à l'occasion, quand je suis tombé sur le père d'un de mes amis qui se targue de le «connaître personnellement», comme il dit.
Je sirotais un thé vert au Café Vienne en feuilletant la section Arts et Spectacles de *La Presse* quand il s'est

assis en face de moi en se dandinant à la façon d'un colonel d'opérette. Il était bizarrement chapeauté. Devinant que j'allais lui tirer la pipe, il a soulevé ce qu'il appelait son canotier et il m'a poussé un bout de chansonnette:

> *C'est le plus beau jour de ma vi-e*
> *J'ai retrouvé mon chapeau*
> *Dernier étage de ma coquetteri-e*
> *C'est le soulier de mon cerveau* [1]

J'allais contre-attaquer quand je me suis rappelé qu'il se vantait régulièrement de «crécher» à Ambiance (l'expression est de lui). Je lui ai demandé s'il avait lu l'article de Pierre Vigneault, le rédacteur en chef du *Magazine* de l'Île-des-Sœurs.

— Lequel?

— Celui-là.

J'en avais une copie dans mon porte-documents.

— C'est extraordinaire, non?

— Laisse-moi au moins le temps de le lire... Tu permets que je remette mon chapeau?

S'il ne l'a pas lu trois fois, il ne l'a pas lu une fois. Il a finalement consenti à me répondre.

— Ça ne me surprend pas de lui.

— Vous en connaissez beaucoup, vous, des hommes d'affaires capables de faire ça?

— T'es drôle, toi...

---

[1]. Guy Béart, *Le chapeau*.

Il m'a expliqué que Luc Maurice était un homme de cœur et que mon scepticisme «sentait le baby boomer à plein nez».

— J'ai 81 ans, mon garçon. Des beaux parleurs, des brouteux pis des vanteux, j'en ai rencontré un pis un autre. Si t'essayes de m'passer une couleuvre, tu vas t'apercevoir que j'ai encore pas mal de répondant. Quand monsieur Maurice me dit qu'il est content d'me voir, je le crois. On parlait d'ça l'autre jour, à la salle à manger. Cet homme-là nous aime pour de vrai. Ça nous aide à nous sentir bien d'avoir l'âge qu'on a. À nos âges, on a toujours peur de déranger, d'être de trop... Pose-toi pas d'questions: s'il leur a offert des systèmes de climatisation, c'est parce qu'il a entendu dire qu'ils en avaient besoin. Un point, c'est tout. Y s'passe pas une journée sans qu'il nous remercie de l'aider à réaliser ses rêves. Va faire un tour aux Résidences du Marché. Parles-en à ses «pionniers», comme il les appelle. Ils étaient là quand il a ouvert sa première résidence.

— Où ça?

— À Sainte-Thérèse.

— C'est pas Ambiance, sa première résidence?

— T'es en retard dans les nouvelles, jeune homme. C'est sa cinquième. Au moment où on s'parle, il est en train d'en construire trois autres.

— Dans le style d'Ambiance? J'ai de la misère à imaginer ça à Sainte-Thérèse...

— Ça ressemble pas à Ambiance pantoute. Ambiance, ça ressemble à l'Île-des-Sœurs, pis les Résidences du Marché, ça ressemble à Sainte-Thérèse. On n'est pas

LE GROS COMPLEXE AU BOUT DU STATIONNEMENT

Le complexe Les Résidences du Marché s'intègre parfaitement à son environnement.

des extraterrestres, nous autres, les retraités. On change pas de milieu de vie comme on change de chemise. Luc Maurice a compris ça. Y demande pas à ses résidants de s'adapter, c'est lui qui s'adapte.

Quand nous nous sommes laissés, j'avais remisé mon scepticisme au vestiaire et j'étais tout disposé à croire que Luc Maurice était ce qu'il avait l'air d'être, c'est-à-dire quelqu'un de bien. Quelqu'un de très bien, même.

Fin 2006

Je venais d'écrire et de publier chez Quitte ou Double un portrait de Dédé Fortin et la biographie de Gilles

Proulx, je peaufinais le septième chapitre de mon premier roman et je piochais sur un essai que j'avais provisoirement intitulé *Éloge de la sagesse* quand j'ai repensé à lui. L'idée de ce dernier livre m'était venue à la suite d'une conversation à bâtons rompus qui avait failli mal tourner.

Le fils d'un de mes amis s'était lancé dans une tirade à l'emporte-pièce qui m'avait braqué. Je vous la résume ici, les effets de toge en moins.

— Les baby boomers ont siphonné notre économie. Ils ont vécu à crédit toute leur vie. Ils se sont payés des retraites dorées. Ils nous ont monté un *bill* qu'on sera jamais capables de payer. Ils n'ont même pas été foutus d'empêcher la planète de se réchauffer. Le comble, c'est qu'y vont *toute* se retirer en même temps. Le système de santé va sauter. On va être cinq cent mille à payer pour deux millions de pachas...

Je m'étais naturellement senti visé et j'étais monté aux barricades à mon tour.

— Les nerfs, Fantasio! On va travailler jusqu'à l'âge de 70 ans pis on va payer des impôts jusqu'en 2040. La dette? C'est nous autres qui allons la payer. Votre part, vous allez la payer avec *notre* argent, c'est-à-dire avec celui qu'on va vous laisser en héritage... si vous finissez par arrêter de nous casser les pieds avec votre morale à cinq cents.

Le fils de l'autre avait surenchéri et j'avais, de mon côté, jeté assez d'huile sur le feu pour que le débat «passe proche» de virer à la foire d'empoigne.

J'avais fini par me calmer, le rejeton de mon ami en avait fait autant et nous avions prudemment convenu d'éviter le sujet à l'avenir.

En y repensant, j'en étais venu à me dire que si personne n'essayait de rétablir les ponts entre des générations qui ne se parlent plus et qui se lancent la balle depuis trop longtemps, le choc que prédisent les «istes», les «logues» et tous les alarmistes depuis une dizaine d'années deviendrait inévitable.

Je pataugeais dans ces eaux-là, donc, quand j'ai repensé à Luc Maurice. Je me suis dit qu'il avait peut-être son opinion là-dessus, lui qui partageait le quotidien de milliers de retraités, et que nous pourrions peut-être collaborer.

Comment? Je n'en avais pas la moindre idée. Une intuition, comme j'en ai parfois et qui se vérifie une fois sur trois.

Je n'ai fait ni une, ni deux, et je lui ai passé un coup de fil. Des fois que...

— J'ai une proposition à te faire.
— Veux-tu qu'on se rencontre?
— Quand tu veux.
— Samedi matin, chez Cora?
— Huit heures et demie?
— Ça me convient.

Je simplifie à peine. Ça c'est vraiment passé comme ça.

Samedi matin, chez Cora

J'ai expédié les salamalecs habituels en moins de deux et je suis entré dans le vif du sujet, mais j'étais si mal préparé que mon boniment a fait long feu. Ce n'était visiblement pas ce à quoi il s'était attendu.

— Tu t'attendais à quoi?
— J'pensais que tu me proposerais de construire une résidence pour les artistes retraités...
— Es-tu fou?

C'était sorti tout seul.

Je connaissais un peu le Chez-Nous des Artistes pour y être allé à quelques reprises du temps où Alys Robi et Jen Roger s'y crêpaient le chignon à la une d'*Échos-Vedettes* et de *Télé Radio Monde.*

— Y passent leur vie à se battre pour les mêmes premiers rôles, les mêmes tournées de spectacles, les mêmes premières pages dans la presse artistique, les mêmes *Félix*, les mêmes *Gémeaux*, les mêmes *Oliviers*... Il y a tellement d'appelés et si peu d'élus et le soleil brille si souvent pour les autres qu'ils en viennent à se méfier de tout le monde. Tout ça laisse des traces...

J'ai ajouté qu'ils ne formaient pas une communauté homogène.

— Ce n'est pas parce qu'on a été plombier toute sa vie qu'on serait capable de vivre dans un Chez-Nous des Plombiers...

J'étirais un peu la conversation, quand j'ai allumé. Jusqu'à cette minute-là, il ne m'était pas venu à l'idée de lui demander quel âge avaient ses résidants. Je tenais pour acquis qu'ils devaient avoir autour de 65 ans puisque c'est à cet âge-là qu'on encaisse son premier chèque de pension de vieillesse et qu'on commence à retirer son fonds de pension.

Toujours est-il que j'ai eu un flash. Je me suis soudainement demandé si nous parlions des mêmes personnes âgées.

— Ils ont quel âge, tes résidants?

Ma question a eu l'air de le surprendre.

— 75 ans et plus... 78, 80, 85, 90, 95 ans...

— 95 ans?

— Quel âge veux-tu qu'ils aient? Y peuvent pas avoir 65 ans. Ce sont les parents des baby boomers, après tout.

Je l'ai pris dans les gencives.

— Les parents des baby boomers? Y sont encore en vie?

— Mets-en qu'ils sont encore en vie. Ils sont presque un demi-million et si tu te donnes la peine de lire le Rapport Castonguay, tu vas t'apercevoir que la plupart d'entre eux sont relativement autonomes, actifs et en bonne santé.

Nous avons échangé là-dessus durant une bonne quinzaine de minutes. En l'écoutant parler, j'ai réalisé que cette génération-là – car c'en est une – est absente de tous les débats publics depuis une bonne vingtaine d'année. À part les folkloristes, plus personne n'a l'air de se rappeler qu'avant les baby boomers il y a eu leurs parents, leurs grands-parents et leurs arrière-grands-parents. Tout se passe comme si le monde avait commencé avec eux...

À un moment donné, je lui ai fait remarquer que leur occultation et leur mise au ban en tant que génération n'empêchaient pas les commentateurs, les chroniqueurs et les amateurs de lignes ouvertes de leur casser du sucre sur le dos. Non seulement ne leur donne-t-on jamais la parole, mais quand on condescend à parler d'eux, c'est pour dire qu'ils coûtent cher, qu'ils se bourrent de médicaments, qu'ils encombrent les urgences des hôpitaux, qu'ils causent des accidents, qu'ils sont maltraités, abusés, en attente de places dans les CHSLD, que le pape devrait demander pardon aux orphelins de Duplessis pour les abus commis par les religieuses du temps...

Il ne m'a pas laissé le temps de finir.

— C'est n'importe quoi.

Il était rouge comme un coq.

«Si c'est de ça que tu veux parler, oublie-moi. C'est pas vrai qu'ils coûtent cher. Leur retraite, ils se la sont payée. Il y a des personnes âgées qui conduisent mal, c'est vrai, mais ils causent moins d'accidents que les hommes de 25 ans qui dépassent les limites de vitesse et les femmes de 30 ans qui brûlent les feux rouges, qui se maquillent ou parlent au téléphone en conduisant. En vieillissant, ils deviennent de plus en plus prudents. Vas-tu leur reprocher de faire leurs stops et de laisser passer les piétons? C'est pas vrai qu'ils engorgent les hôpitaux. Des grands malades, des laissés-pour-compte, des personnes maltraitées, abusées et exploitées, il y en a dans tous les groupes d'âges. J'en connais qui, à 80 ans, font encore trente heures de bénévolat par semaine.»

Je lui ai répondu que c'est rarement une bonne idée de balayer les préjugés sous le tapis et que la meilleure façon de les combattre, c'était encore d'en parler.

Cette première rencontre n'a pas tourné comme nous l'avions espéré, mais nous avons tout de même convenu de nous revoir le samedi suivant, même heure, même poste.

J'ai passé la semaine à me documenter. J'ai demandé à mon éditeur d'aller faire un tour sur internet. Elle en est revenue avec le Rapport Castonguay, les lois sur les aînés, le plan d'action du gouvernement qui vise la protection des personnes âgées (comme s'il s'agissait d'une race en voie d'extinction), le site web du groupe Maurice et tous les articles et reportages qu'elle a pu dénicher sur Google, Yahoo, Wikipédia et compagnie.

De mon côté, j'ai lu tous les livres que les préposées à la bibliothèque de l'Île-des-Sœurs ont pu me trouver et j'ai interviewé tous les 75 ans et plus qui ont eu l'heur de se trouver au Café Vienne et à la patateire Chez Philippe en même temps que moi.

Quand le jour «J» est arrivé, j'étais prêt à recroiser le fer avec lui.

Chez Cora

Les préliminaires ont été courts. J'étais chargé à bloc et il s'était déjà tapé deux énormes bols de café au lait.

Je l'ai littéralement mitraillé de questions. Sur le plan d'action du gouvernement, sur le Rapport Castonguay, sur les lois qui protègent les aînés, sur les CHSLD, sur le vieillissement de la population, sur les proches aidants naturels, sur un éventuel régime d'assurance contre la perte d'autonomie, sur le crédit d'impôt remboursable pour le maintien à domicile des aînés, sur les partenariats public-privé et *tutti quanti*.

Il a patiemment répondu à chacune de mes questions et j'ai été à même de constater qu'il avait une vision... Une vision qui dépassait largement les considérations éthiques, sociologiques, légales, économiques et démographiques dont je m'étais gavé la semaine d'avant...

L'idée du livre que vous avez en mains a commencé à germer en moi ce matin-là. Je ne savais pas encore s'il s'agirait d'un portrait de Luc Maurice, d'une biographie ou d'un essai sur les personnes âgées de 75 ans et plus, mais j'avais très envie d'y aller.

Dans les jours qui ont suivi, je me suis mis d'accord avec lui et avec mon éditeur et je me suis jeté à l'eau.

Durant les premiers mois, j'ai lu tout ce qui s'est écrit sur le vieillissement de la population québécoise depuis 1970, je me suis penché sur la jeunesse et le parcours de Luc Maurice, j'ai interviewé ses plus proches collaborateurs, j'ai visité un certain nombre de CHSLD et tous les complexes résidentiels du Groupe et je me suis intéressé aux deux générations que plus personne ne nomme depuis plusieurs années: les parents et les grands-parents des baby boomers.

Au terme de cet exercice, j'ai décidé de leur donner la parole à EUX.

1

LES PONTS DE GLACE

Oublier ses ancêtres, c'est être un ruisseau sans source, un arbre sans racines.

Proverbe chinois

On ne connaît pas bien un homme tant qu'on n'a pas marché au moins un mille dans ses souliers et tant qu'on ne sait ni ce qui le fait courir, ni comment il réagit quand le ciel lui tombe sur la tête.

J'ai été surpris d'apprendre que Luc Maurice était né à Montréal. Il me semblait l'avoir entendu dire qu'il était plus «village» que «ville», qu'il avait un chalet en bois rond au fin fond de mon Abitibi natale et qu'il y allait aussi souvent que possible pour s'y ressourcer et pour recharger ses batteries.

Il est né le 23 juillet 1956, à l'angle des rues Laurier et de Lorimier. À la maison, en comptant le père et la mère, ils étaient huit. Il avait six ans quand son père est entré au service de la Shell Canada, à Montréal-Est. La famille s'est alors installée à Repentigny où elle allait demeurer huit années avant de revenir à Montréal, dans le quartier Ahuntsic.

Pour arrondir ses fins de mois, son père achetait et rénovait des maisons et c'est en lui servant d'assistant qu'il a appris les rudiments d'un certain nombre de métiers de la construction.

— Mon père aimait le travail bien fait. Il prenait le temps de m'expliquer les choses. Il me refilait les trucs du métier.

L'expérience qu'il a prise sur les chantiers de son père allait porter fruit bien des années plus tard, quand il déciderait de se lancer dans la construction de résidences pour personnes âgées.

Son père croyait en lui. Il tenait pour acquis que l'aîné de ses enfants ne pouvait que réussir.

— Papa me disait souvent qu'il ne faut jamais hésiter à prendre des risques quand on croit en ce qu'on fait.

Sa mère avait pour lui cette sorte d'admiration qu'ont souvent les mamans pour le plus vieux de leurs garçons. Je l'ai rencontrée au Notre-Dame, à Repentigny, un des complexes résidentiels du groupe Maurice où elle vit depuis quelques années.

— Ce qui me revient le plus souvent quand je repense à ces années-là, c'est à quel point il n'avait peur de rien.

Il était très proche de ses grands-parents maternels. Le dimanche, il lui arrivait parfois de prendre l'autobus et d'aller les visiter au 8368 de la rue Lajeunesse, dans le nord de la ville.

— C'était un appartement plus que modeste, raconte-t-il.

Luc Maurice, en compagnie de ses grands-parents maternels.

Ils avaient subi un revers de fortune qui les avait contraints à renoncer à leur train de vie et à se serrer la ceinture.

Officiellement, le jeune homme y venait pour jouer aux cartes mais, entre vous et moi, ce qui l'attirait surtout, c'était la sagesse de sa grand-mère et les histoires de son grand-père.

— Grand-maman était originaire de New Liskeard, dans le nord-est de l'Ontario.

Fille de notaire, elle avait fait l'école Normale. Elle appartenait (elle aurait presque 110 ans aujourd'hui) à la toute première génération de Canadiens français «instruits», c'est-à-dire capables de lire et d'écrire.

— Elle avait un jugement très sûr. Les gens venaient souvent lui demander conseil.

Elle exerçait un tel ascendant sur son petit-fils que sa mère ne savait pas trop comment le prendre...

On ne dira jamais assez l'importance que prennent parfois les grands-mères dans la vie de leurs petits-enfants. L'autre jour, à la télévision, j'ai entendu l'acteur Jamie Foxx parler de la sienne.

— *She gave me the tools...*

Il était si manifestement ému que j'en avais la chair de poule.

— *You've got to learn the piano, my baby boy...*

Bien des années plus tard, sa connaissance de l'instrument allait lui permettre de décrocher le rôle de Ray Charles, dans le film qui allait le consacrer en tant qu'artiste et lui valoir l'Oscar du meilleur acteur.

Il ne prenait aucune décision importante sans la consulter. Il lui arrivait de prendre l'avion rien que pour ça. Quand elle a eu 85 ans, il l'a prise chez lui. Elle lui tirait encore l'oreille quand les journaux à potins rapportaient ses fredaines.

— *Did you really do that?*

Il était à son chevet quand elle a rendu l'âme.

— *I gave you the tools, now this is your showdown...*

La grand-mère de Luc lui apprenait à faire la part des choses, à discerner le vrai du faux, à être exigeant envers lui-même et envers les autres, à respecter ses engagements et à apprendre de ses erreurs.

Ses grands-parents, qui s'étaient connus à New Liskeard, étaient dans le commerce. Ils possédaient le magasin général de l'endroit.

L'économie de la petite ville n'était pas très diversifiée. Elle reposait essentiellement sur l'exploitation minière et forestière et sur l'agriculture.

En ces temps presque héroïques, il fallait avoir autant de cœur que de cran pour être marchand général. Les mineurs réglaient leurs ardoises à la fin du mois, les bûcherons et les chasseurs payaient en revenant des chantiers, c'est-à-dire deux ou trois fois par année, et les fermiers, qui étaient à la merci des éléments, payaient quand ils le pouvaient.

Ils possédaient aussi trois ou quatre camions qui faisaient la navette entre Ottawa et un certain nombre de petites villes du nord-ouest de l'Ontario.

À l'époque, la piètre qualité des routes et la rudesse du climat malmenaient les camions. L'été, ça allait toujours, mais l'automne, l'hiver et le printemps étaient presque toujours désastreux.

Un incident comme il n'en arrive que dans ces régions inhospitalières allait d'ailleurs précipiter leur ruine.

À l'époque, on aménageait des ponts de glace – on les appelait aussi des routes de glace – qui offraient un accès économique aux régions éloignées et qui permettaient aux transporteurs d'enjamber le fleuve, les lacs et les rivières. Ils étaient constitués d'eau, de glace et de neige propre seulement. Ces constructions temporaires et écologiques avant l'heure ne perturbaient à peu près

Pont de glace sur le Saint-Laurent (1903).

pas le lit des cours d'eau et ne détruisaient pas les rives. Malheureusement pour ses grands-parents, ils allaient perdre trois camions et toute la marchandise qu'ils contenaient dans l'effondrement d'un de ceux-ci. Ils ne s'en étaient jamais relevés.

Il arrivait parfois à Luc de rester à coucher chez ses grands-parents tellement il s'y sentait bien. Il les aimait pour ce qu'ils étaient, pour la chaleur humaine qui émanait d'eux, pour leur dignité, leur bonté d'âme et pour leur sagesse. Il les admirait aussi pour avoir créé des emplois, fait crédit aux bûcherons et aux agriculteurs et fait leur part pour aider à bâtir le pays... et pour être restés dignes quand le mauvais sort les avait acculés à la faillite.

Il avait onze ans quand une tante l'a invité à venir passer ses vacances d'été chez elle, à Val d'Or, en Abitibi. C'est là qu'il prit conscience de la misère des courageux cultivateurs qui avaient colonisé le nord-ouest du Québec et le nord-est de l'Ontario.

À la vue des terres abandonnées, des bâtiments délabrés et des terres retournées en friche qui gâchaient le paysage, il avait éprouvé un grand malaise et il s'était demandé ce qui avait bien pu pousser ses ancêtres à déserter.

Quand on lui avait dit que leurs terres ne rapportaient plus assez pour leur permettre d'y élever leurs familles, il s'était demandé pourquoi ils ne s'étaient pas trouvés un travail dans la région. On lui avait répondu qu'il n'y avait pas de travail non plus. Il lui était alors venue une idée qui n'allait plus jamais le quitter.

Une ferme abandonnée, dans le nord-ouest du Québec.

— Moi, plus tard, je vais faire travailler les gens.

Dans sa tête de petit garçon, il s'était dit que puisque c'était les compagnies qui faisaient travailler les gens, il allait en fonder autant qu'il pourrait, dans toutes les régions du pays.

— Comme ça, les cultivateurs n'auront plus besoin de s'exiler pour gagner leur vie. Ils n'auront plus à abandonner les terres de leurs parents.

Il avait quinze ans quand il a acheté son premier terrain, en économisant trois cents dollars sur les sous qu'il avait gagnés en travaillant chez Woolworth.

— Mon père avait un chalet au lac Rose, dans le bout de Saint-Gabriel-de-Brandon. Il l'a vendu en 1971...

Luc aimait beaucoup le lac Rose. Il admirait particulièrement un ami de la famille – il s'appelait Robert Légaré – qui avait 26 ou 27 ans et qui s'y était construit un chalet en bois rond, et il avait décidé de s'y établir à son tour.

— Robert était un original... Il travaillait dans les restaurants et il connaissait tous les mauvais garçons du coin. Il était extrêmement débrouillard et il se foutait complètement des qu'en-dira-t-on. Le genre d'homme qui fait la sieste l'après-midi...

C'est lui qui l'a initié à la motoneige et qui lui a transmis son amour de la forêt.

— Il m'a offert une vieille motoneige qu'il avait rafistolée et il m'emmenait en excursion avec lui. Une fois, nous avons remonté un sentier qui débouchait sur une

Luc Maurice en Alaska.

rivière. Nous sommes immédiatement rentrés et nous avons rassemblé tout le matériel qu'il fallait pour construire un pont d'une soixantaine de pieds. Ça nous a pris deux jours, mais nous avons fini par traverser la rivière.

Le temps a passé. Luc a suivi son chemin et Robert Légaré est devenu notaire, mais ils sont encore amis et la motoneige fait toujours partie de leur vie. Ils ont parcouru des distances considérables dans le grand nord abitibien. Luc est allé jusqu'en Alaska et il aime tellement la motoneige qu'il ne se passe pas une année sans qu'il organise des excursions avec ses frères et ses amis.

Il s'est passé quelques années avant qu'il ne construise le chalet qu'il possède toujours sur le terrain qu'il avait acheté au lac Rose. Il avait quinze ans, donc, et il n'avait pas encore une idée très juste de ce qu'il ferait dans la vie. Il rêvait bien un peu d'être détective, mais c'était une idée comme ça. Le cégep Marie-Victorin venait de l'accepter en sciences pures, mais ça ne l'emballait pas vraiment non plus.

Un après-midi, en passant devant un centre de recrutement de l'armée canadienne, il vit une affiche qui invitait les jeunes gens à tenter leur chance dans les Forces. Il suivit un groupe de « recrues » jusqu'à l'intérieur où on lui fit passer un examen d'aptitudes générales. Il répondit facilement aux questions de l'examinateur. À la fin, un officier leur remit à tous cinq ou six dollars.

— Vous irez dîner au restaurant, leur dit-il en leur expliquant qu'un certain nombre d'entre eux seraient rappelés et qu'on leur ferait passer un examen un peu plus musclé...

En posant des questions, Luc comprit qu'on inviterait les meilleurs à passer l'examen d'entrée du Collège militaire de Saint-Jean.

Il se sentit tout de suite appelé.

Un matin, il dit tout bonnement à son père qu'il venait d'être accepté au Collège militaire. Sa réaction le prit par surprise.

— J'ai senti que papa était fier de moi et ça m'a fait chaud au cœur.

Son père allait mourir quelques années plus tard. Luc avait alors vingt-quatre ans. Il en éprouva un vif chagrin et prit aussitôt le relais du chef de la famille auprès de sa mère, de ses frères et de ses sœurs.

En entrant au collège, il signa un engagement de cinq ans dans les Forces armées canadiennes. Durant tout le temps que durerait la portion purement académique de sa formation, on lui verserait un salaire d'environ quatre cent cinquante dollars par mois. C'est avec cet argent-là qu'il allait construire son chalet au lac Rose, avec l'aide de quelques-uns de ses confrères de classe.

Durant l'été, on lui apprenait à piloter des avions et à manier les armes.

Un jour, ses instructeurs lui apprirent à tirer à la mitraillette. Cette expérience l'a profondément marqué.

— J'ai ressenti qu'il devait être facile de perdre la tête quand on manie des armes aussi puissantes. Ça m'a dérangé et ça m'a fait réfléchir sur la condition humaine, sur notre fragilité.

Durant sa formation de pilote à Moose Jaw, en Saskatchewan, l'armée lui proposa de lui payer des cours d'anglais. On lui trouva une enseignante à la retraite qui accepta de le recevoir à dîner deux ou trois soirs par semaine et de lui apprendre les rudiments de la langue de Shakespeare, ce qui lui permettrait de communiquer plus aisément avec les contrôleurs aériens de l'Ouest canadien.

Cette dame de 75 ans, qui allait l'éveiller à la culture de l'Ouest canadien et qui avait à peu près l'âge qu'avait sa grand-mère quand il lui rendait visite dans son petit appartement, marqua également le rapport qu'il allait développer avec les aînés.

Cette photo date de 1978. L'appareil est un TUTOR, le principal avion d'entraînement utilisé par les Forces armées canadiennes.

C'est en 1979 qu'il fut reçu officier. De 1979 à 1983, il fut membre de l'escadrille de recherche et de sauvetage de l'armée à Comox, sur l'île de Vancouver, et participa à quelque cent cinquante opérations diverses au Yukon et en Colombie-Britannique. De 1983 à 1985, il fut pilote en chef d'une autre escadrille, à Edmonton. Le gros de son travail consistait à coordonner l'entraînement et les activités des pilotes.

Son travail d'officier était déjà épuisant, mais il s'inscrivit en même temps à l'université de l'Alberta, à Edmonton, où il entreprit d'obtenir son MBA (avec concentration en marketing). Et comme si ce n'était pas assez, il s'inscrivit à un triathlon de la série *Ironman*, à Hawaii, et se lança dans un programme d'entraînement extrêmement exigeant dans les trois disciplines du triathlon, c'est-à-dire la natation, la course à pied et le cyclisme.

Le plus incroyable, c'est qu'il gagna une médaille de bravoure pour avoir effectué un sauvetage périlleux dans l'Ouest canadien, qu'il termina son MBA et qu'il compléta les trois épreuves du triathlon.

Un matin, en faisant son jogging, il s'arrêta devant une résidence pour personnes âgées. Il eut alors le flash qui allait lui inspirer le sujet de sa thèse de maîtrise. En observant la construction, il vit tout de suite que les architectes n'avaient pas fait leurs plans en fonction des besoins des personnes âgées. Toutes sortes de choses clochaient. De la dimension des balcons à la fenestration. Ses grands-parents n'auraient pas aimé vivre là-dedans.

En rédigeant sa thèse, il comprit bien vite que tout était à faire dans ce domaine. Personne ne s'était apparemment donné la peine de consulter les personnes âgées sur leurs besoins futurs en matière d'habitation et de soins.

Il ne le savait pas encore, mais il venait de trouver sa voie.

À la fin de sa carrière dans les Forces armées, il entra au service de madame Jeanne Sauvé, gouverneure générale du Canada, en qualité d'aide de camp. À ce titre, il fut appelé à organiser et à coordonner ses activités officielles

Luc Maurice, lors de sa participation au triathlon *Ironman*, événement annuel qui a lieu à Hawaii. Les concurrents de cette compétition doivent parcourir 3,86 kilomètres à la nage, 180,2 kilomètres à vélo et courir un marathon le long de la côte de Big Island...

au Canada et à l'étranger et à collaborer avec la Gendarmerie royale du Canada, les Forces armées canadiennes, le ministère des Affaires étrangères et le Bureau du greffier du Conseil privé.

Il y resta trois ans. Durant cette période, il voyagea beaucoup, rencontra des chefs d'état et des femmes et des hommes qui allaient l'influencer et l'inspirer.

Un de ces hommes-là était le mari de la gouverneure générale.

— Monsieur Sauvé était un homme rigoureux et structuré. Il me répétait régulièrement qu'il ne fallait jamais rien entreprendre sans avoir un plan «B».

Il y rencontra aussi Paul Tellier, qui allait devenir président et chef de la direction du Canadien National, mais qui occupait alors le poste de greffier auprès du Conseil privé.

Paul Tellier était le beau-père de Pierre Richard, que Luc avait rencontré au Collège militaire et qui était un autre des aides de camp de madame Sauvé. Il était responsable de l'armée de terre et Luc représentait l'armée de l'air.

Paul Tellier a certainement été un des hommes d'affaires qui l'ont le plus fortement influencé. Il retient de lui la simplicité et la clarté de son style de leadership et c'est de lui qu'il tient la mauvaise habitude qu'il a de travailler tous les dimanches après-midi...

En 1987, il fonda Gestion Dali Management, une firme conseil qui allait employer jusqu'à sept personnes et

Luc Maurice et madame Jeanne Sauvé, à la Place Tian'anmen, lors d'un voyage diplomatique à Pékin.

dont la vocation d'affaire était de concevoir et d'évaluer l'aménagement de résidences et de services cliniques pour personnes âgées.

Avec ses collaborateurs, dont Pierre Richard à qui il avait offert de se joindre à lui à la fin de leur mission d'aide de camp de la gouverneure générale, il réalisa des études de marché dans 38 villes canadiennes de même qu'en France, au Danemark, en Suède et aux États-Unis.

C'est en 1989 qu'il traversa son premier «pont de glace».

Il s'est alors impliqué dans la réalisation et la gestion d'un projet qui battait sérieusement de l'aile, dans la région d'Ottawa. Il s'agissait d'une résidence pour personnes âgées.

Le prêteur hypothécaire avait retiré ses billes et refusait d'aller plus loin. L'institution ne faisait plus confiance au promoteur et s'était mise à la recherche d'un gestionnaire pour compléter les travaux de construction et pour gérer la résidence.

Le hasard fit que Maurice Sauvé, le mari de la gouverneure générale, connaissait bien le prêteur hypothécaire. Il lui recommanda de confier ce double mandat à Luc Maurice.

La banque accepta finalement de financer la suite des choses à condition que le promoteur injecte sept ou huit cent mille dollars dans l'opération, qu'il cède douze pour cent de la propriété à Luc et qu'il lui abandonne la direction du projet.

Sitôt engagé, Luc releva ses manches et se mit à l'ouvrage. Il travailla douze heures par jour et dix-huit mois durant... sans être rémunéré. Il compléta les travaux à temps, à l'intérieur du budget prévu, et son plan de mise en marché fonctionna au-delà de toutes les espérances.

L'opération commençait à être rentable quand le promoteur, qui en voulait à la banque de lui avoir imposé Luc et à ce dernier pour avoir été de mèche avec elle, décida de récupérer les quelques centaines de milliers de dollars que la banque l'avait forcé à réinjecter dans l'opération. Il vida carrément les comptes de banque de la résidence et se fit la malle.

Luc fit ce qu'il put pour l'empêcher de le faire, mais ce fut peine perdue.

— Poursuivez-moi, si vous voulez...

C'était malhonnête, mais Luc resta en poste jusqu'à ce que le démarrage de la résidence soit stabilisé. Il ne voulait surtout pas que les résidants qu'il avait convaincus d'emménager à la résidence aient à souffrir de quoi que ce soit.

Malgré le coup fourré du promoteur, la banque récupéra sa mise, mais Luc n'eut pas la même chance. Les dix-huit mois qu'il avait passés au service de la résidence, sans être rémunéré, l'avaient laissé sans le sou.

Incapable de faire face aux obligations de Gestion Dali – elles avaient continué de courir –, il dut se résoudre à déposer le bilan de sa compagnie, puis son bilan personnel.

Cette double faillite lui apporta tout de même l'expérience concrète et pratique qu'il lui manquait.

C'est ce que je voulais dire quand j'ai écrit plus haut qu'il a traversé son premier pont de glace en 1991. À l'exemple de ses grands-parents maternels qui avaient tout perdu dans l'effondrement d'un pont de glace et qui étaient restés dignes dans l'épreuve, il a relevé ses manches.

Pour se refaire une santé financière, il a accepté un poste au gouvernement fédéral, à Ottawa, où il s'est employé à rationaliser et à réaménager un certain nombre de systèmes financiers.

En 1994, Paul Tellier l'invita à rentrer à Montréal et à devenir le directeur général de la Conférence d'études canadiennes du gouverneur général. L'année d'après, il est devenu directeur général des Affaires corporatives de Cannac International, une filiale du Canadien National.

En 1997, il en a subitement eu assez du milieu corporatif dans lequel il se sentait étouffer. Après avoir remis sa démission, il se réfugia dans son chalet de Saint-Gabriel-de-Brandon.

Durant les mois qui suivirent, il vécut comme un véritable villageois et se remit à côtoyer les gens de cette région qu'il connaissait depuis son enfance.

Il en est ressorti ragaillardi. Il a compris que c'était dans l'action qu'il allait se réaliser.

Luc Maurice devant son chalet de bois rond au nord de Clova, en Abitibi.

C'est en 1998 qu'il fonda le groupe Maurice, en même temps qu'il louait un lac à 90 kilomètres au nord de Clova, dans le fin fond de l'Abitibi et qu'il y bâtissait un gros chalet de bois rond, alimenté en électricité par des panneaux solaires. L'hiver, il s'y rend régulièrement en motoneige, mais l'été, le chalet n'est accessible qu'au terme d'un trajet en VTT, de la traversée d'un lac en radeau et d'une marche de quelques kilomètres dans le bois, dans un sentier qu'il a défriché lui-même avec l'aide de quelques-uns de ses complices de toujours, dont Pierre Richard et Robert Légaré.

Dix ans ont passé et il est devenu un chef de file dans le domaine de la conception, de la réalisation et de la gestion de complexes résidentiels pour retraités. Le taux moyen d'occupation de ses douze résidences dépasse les 98 %. Il prévoit en construire treize autres au cours des prochaines années.

J'ai rencontré plusieurs centaines de ses quelque 3 800 résidants et j'ai hâte de vous parler d'eux, mais avant de vous les présenter, vous me permettrez de vous rappeler ce qu'ils ont accompli en tant que génération.

Luc Maurice, en grande conversation avec deux dames âgées venues visiter son tout nouveau complexe résidentiel, l'Image d'Outremont.

2

LES BÂTISSEURS DU
QUÉBEC MODERNE

Ils ont entre 75 et 90 ans. Dans tout le Québec, ils sont plus de 450 000 et la plupart sont actifs, autonomes et en bonne santé. Moins de quinze pour cent d'entre eux vivent soit dans une résidence, soit dans un complexe résidentiel, soit dans un CHSLD.

Ce sont les parents des baby boomers.

Ils avaient vingt ans quand les cloches de l'armistice ont sonné et ils sont la deuxième génération de Québécois à avoir appris à lire et à écrire.

Ils ont commencé à se manifester aux alentours des années 1960... certains avant, d'autres après. Ils ont sorti le Québec de la Grande Noirceur et ils ont été les principaux acteurs de la Révolution tranquille. Ce sont les bâtisseurs du Québec moderne et, «chaque fois que l'un d'entre eux disparaît, c'est une bibliothèque qui se consume».

Aparté

Il faut qu'il y ait quelque chose dans l'air puisque l'action de trois des films québécois que le Festival international du film de Toronto a sélectionnés en 2008 se situe en plein cœur des années 1960: *C'est pas moi, je l'jure!* de Philippe Falardeau, *Un été sans point ni coup sûr* de Martin Leclerc et *Maman est chez le coiffeur* de Léa Pool.

LA GRANDE NOIRCEUR

Maurice Duplessis est mort en 1959. Il a gouverné le Québec avec une poigne de fer durant près de vingt ans (de 1936 à 1939 et de 1944 à 1959). Il se considérait comme le gardien de la foi et de la patrie. Il a arraché des points d'impôt au gouvernement fédéral et donné à «la belle province» son premier drapeau.

Duplessis forçait les entrepreneurs à souscrire à la caisse électorale de l'Union nationale.

— Si tu veux ta part de contrats du gouvernement, y va falloir que tu sois généreux avec le parti. J'veux ça *cash*, pis toute en p'tites coupures à part de t'ça...

Il préférait laisser les Américains investir dans le développement de nos ressources naturelles, estimant que nous n'avions ni les moyens, ni les compétences qu'il fallait «pour se lancer là-dedans».

— Laissons-les payer... J'aime mieux prendre une cenne la tonne que rien pantoute.

Ses «traits d'esprit» ont fait le tour du Canada. Deux d'entre eux, surtout: «L'instruction, c'est comme la boisson, y en a qui portent pas ça» et le célèbre «Toé, tais-toé» qu'il a un jour lancé à Antoine Rivard après que celui-ci l'eut interrompu lors d'une conférence de presse.

Ironiquement, c'est un frère mariste qui allait sonner le glas de la Grande Noirceur et se poser en héraut de la Révolution tranquille.

LA RÉVOLUTION TRANQUILLE

Certaine historiens la font remonter à 1948, l'année où le peintre automatiste Paul-Émile Borduas et une quinzaine d'autres artistes ont publié *Refus Global*, un manifeste qui a connu un retentissement considérable, d'autres à la grève de l'amiante, en 1949, mais la plupart d'entre eux la font coïncider avec l'élection du gouvernement libéral de Jean Lesage, à l'Assemblée nationale, en juillet 1960.

Dans *Refus Global*, les camarades de Borduas se livraient à une critique impitoyable de l'Église catholique et y rejetaient un certain conformisme qui étouffait les arts et la pensée. Quant à la grève de l'amiante, elle avait été si durement réprimée par un Duplessis qui voyait des communistes partout qu'elle avait contribué à faire sortir du placard de nombreux opposants à un régime qu'ils qualifiaient de dictatorial.

L'expression «Révolution tranquille» est la traduction littérale de la locution *Quiet Revolution* dont l'auteur est un journaliste du *Globe and Mail* de Toronto.

Je pense, quant à moi, que c'est le frère mariste Pierre-Jérôme, que l'éditorialiste du *Devoir*, André Laurendeau, allait baptiser «le frère Untel», qui a parti le bal en 1960.

Tout a commencé par une lettre du frère mariste au courrier du lecteur du *Devoir*. André Laurendeau lui avait fait une place de choix dans ses pages et, pour respecter le vœu qu'il avait exprimé de ne pas être identifié, il l'avait rebaptisé le frère Untel. Les réactions avaient été si enthousiastes que le frère Untel avait pris l'habitude d'écrire au courrier du lecteur. Ses prises de position, courageuses et toutes empreintes d'ironie, furent bientôt *the talk of the town*.

Il dénonçait la couardise des Québécois, la pauvreté de notre système d'enseignement et l'usage de plus en plus répandu du «joual» chez nos élites (c'est André Laurendeau qui a créé le mot). Le frère Untel et ses fidèles – car il en avait – avaient l'habitude de dire que le mot «joual» évoquait le son qui sortirait de la bouche d'un cheval qui s'essaierait à prononcer le mot «cheval».

Jean-Paul Desbiens, alias le frère Pierre-Jérôme, alias le frère Untel.

Un matin, Jacques Hébert, qui était alors le directeur des Éditions de l'Homme, proposa au frère Pierre-Jérôme de publier un pamphlet qui s'intitulerait *Les insolences du frère Untel*.

L'éditeur manœuvra si bien qu'il obtint l'imprimatur de l'Archevêché de Québec. Il savait trop bien qu'il ne l'aurait jamais obtenu du cardinal Léger, qui était alors l'archevêque de Montréal. Le prélat était plutôt sympathique au frère mariste, mais il n'aurait jamais osé défier le Vatican, qui n'appréciait pas la prose du frère Untel.

Le livre fut publié le 6 septembre 1960. Le tirage initial (10 000 copies) se révéla insuffisant. Dans les semaines qui suivirent, les libraires écoulèrent 125 000 exemplaires des Insolences du frère Untel. Un pareil succès ne s'était jamais vu, où que ce soit au Canada.

Les prises de position du frère Untel furent bientôt sur toutes les lèvres:

> «Nous sommes un peuple de peureux. Nous avons peur de l'autorité...»
> «Notre système d'enseignement est dépassé...»
> «Nos élites parlent joual parce qu'elles pensent en joual et elles pensent en joual parce qu'elles ne se respectent pas...»

Malgré le succès de son livre, le cardinal Léger lui refusa toujours la permission de participer aux débats publics. Il lui réitérait chaque fois sa sympathie, mais, au bout du compte, sa réponse restait toujours la même.

L'affaire prit de telles proportions que plusieurs de ses lecteurs l'exhortaient régulièrement à défroquer, mais il n'en était pas question pour lui.

— Ne me demandez pas de démoiner. C'est au-dessus de mes forces...

Il tint le coup aussi longtemps que possible et défia régulièrement l'autorité de l'Église. À la fin, celle-ci le rappela à Rome et le confina dans un appartement modeste où il pria pour le salut de son âme durant presque trois ans.

Jean-Paul Desbiens, alias le frère Pierre-Jérôme, alias le frère Untel, ne démoina jamais et publia d'autres livres qui n'eurent cependant pas le succès des *Insolences*.

Pour ceux que la chose intéresse, Miriam Chapin publia chez Harvest House, une société d'édition montréalaise, une traduction des *Insolences* qu'elle intitula *The Impertinences of Brother Anonymus* qui eut un certain succès.

Il mourut le 23 juillet 2006 et fut inhumé dans le lot des frères maristes de Desbiens au Saguenay-Lac-Saint-Jean.

MAÎTRES CHEZ NOUS

Le slogan des libéraux qui, en 1960, chassèrent les bleus du pouvoir, était une promesse en soi. L'équipe du tonnerre de Jean Lesage comprenait Paul Gérin-Lajoie, René Lévesque, George-Émile Lapalme et Pierre Laporte, pour ne nommer que ceux-là. Ces tireurs d'élite étaient appuyés par Jacques Parizeau et Claude Castonguay, qui travaillaient en coulisse. Ensemble, ils entreprirent de faire entrer le Québec dans l'ère moderne. Rien que ça.

Dans la foulée du célèbre Rapport Parent (1963-1964), le cabinet de Jean Lesage retira la direction de l'enseignement des mains du clergé et la fit passer dans celles du nouveau ministère de l'Éducation, dont le premier titulaire fut Paul Gérin-Lajoie. Apparurent ensuite les polyvalentes, les cégeps et les commissions scolaires régionales...

Le gouvernement Lesage créa le ministère des Affaires culturelles en 1961. Georges-Émile Lapalme en fut le premier titulaire.

Claire Kirkland-Casgrain entra à l'Assemblée législative du Québec le 14 décembre 1961. Elle est la première femme député à y avoir siégé.

En 1965, on créa la Caisse de dépôt et placement du Québec et la Régie des rentes du Québec.

Dans les années qui suivirent, Claude Castonguay mit sur pied le régime public de soins de santé et mit en circulation la Carte-soleil, que les opposants au système rebaptisèrent la «castonguette».

Un des grands acteurs de cette période fut René Lévesque, alors ministre des Ressources naturelles, qui nationalisa l'ensemble des sociétés privées de production et de distribution d'électricité. Sous sa houlette, Hydro-Québec devint rapidement un des plus importants moteurs du développement économique du Québec et une grande source de fierté nationale.

La Révolution tranquille dura entre cinq et six ans. Elle fut l'affaire du gouvernement Lesage et prit fin en 1966, quand l'Union nationale reprit le pouvoir, sous la direction de Daniel Johnson.

Quelques-uns de ses acteurs sont morts, mais la plupart vivent toujours.

Les parents et les grands-parents des baby boomers ont commencé à se manifester à la fin des années 1940 et certains d'entre eux sont encore actifs. Il n'y a qu'à penser à Paul Gérin-Lajoie, qui dirige une mission humanitaire en Afrique, et à Claude Castonguay, à qui le gouvernement Charest a confié la présidence d'un comité de réflexion chargé d'étudier l'avenir du système de santé du Québec et qui a accouché du Rapport Castonguay.

Ils appartiennent à la génération de Nord-Américains qui a accordé le droit de vote aux femmes, qui a introduit la pilule anticonceptionnelle dans nos maisons et qui a inventé le téléphone, le stimulateur cardiaque, le fil électrique à haute tension, la technologie IMAX, le biberon sans air Playtex, le basket-ball, le masque de gardien de but, la fermeture à glissière, la tablette de chocolat et l'huile de canola, entre autres.

Je pense aux trois colombes (Pierre Elliott Trudeau, Jean Marchand et Gérard Pelletier) qui, après avoir dérangé l'ordre établi (*Cité libre*), ont imposé leur vision d'un Canada bilingue à Ottawa... À Pierre Bourgault et à René Lévesque qui ont canalisé l'énergie des ultranationalistes et qui les ont détournés du FLQ en jetant les bases d'un parti démocratique... À Jean Drapeau et à Lucien Saulnier qui ont mis Montréal sur la carte du monde en construisant le métro, en encourageant Charles Bronfman à acquérir une équipe professionnelle de base-ball à Montréal, en organisant l'Exposition universelle de Montréal – qui accoucha de Terre des Hommes et de La Ronde – et les Jeux olympiques de 1976.

Ils ont été si nombreux à mettre l'épaule à la roue qu'il est impossible d'en nommer un sans en oublier dix. Chacun d'entre eux a apporté sa pierre à l'édifice et ce qu'on nomme encore aujourd'hui le «modèle québécois» – et qui tient toujours la route – est le fruit de leurs efforts conjugués.

Comment ne pas admirer les de Sève, Ouimet, Bombardier, Lemaire, Bouchard, Coutu, Péladeau, Chagnon, Desmarais, Barbeau, Pouliot, Clermont, Dumoulin, Grimaldi, Beaudoin, Tellier, Archambault, de Serres, Panneton et tous ceux-là qui ont construit des usines de production, de raffinage et de transformation, des moulins à scie, des mines, des ponts, des barrages hydro-électriques, des routes, des centres commerciaux, des tours à bureaux et des développements domiciliaires... qui ont investi le marché des chaînes d'alimentation, celui des dépanneurs, des centres pharmaceutiques, des cinémas et des restaurants-bannière... qui se sont lancés dans le transport, la distribution de biens de consommation, dans l'import-export, dans l'agro-alimentaire et les nouvelles technologies... et qui ont développé notre jeune économie à Montréal, Québec, Laval, Sherbrooke, Hull, Trois-Rivières, Shawinigan, Drummondville, Jonquières, Chicoutimi, Rimouski, Rouyn-Noranda, Val d'Or, Roberval, Repentigny, Longueuil, Victoriaville... et grâce à qui nous sommes devenus, en moins de cinquante ans, «maîtres chez nous».

Les aînés que Luc Maurice voulait que je rencontre, ce sont ces bâtisseurs-là. Il y en a des centaines, rien que dans ses complexes résidentiels. J'en ai rencontrés plusieurs et j'ai été frappé par leur sérénité. Au vu et au su de ce qu'ils ont accompli, ils auraient de quoi se pavaner, mais je les ai trouvés étonnamment discrets.

Remarquez qu'ils n'ont plus rien à prouver, plus rien à vendre. Ils ont le temps de regarder et d'écouter, d'apprécier les mille et une petites choses qui nous échappent quand on travaille douze heures par jour pour gagner sa vie, pour préparer sa retraite et laisser quelque chose à ses enfants.

Quand j'ai pris conscience de tout cela et quand j'ai réalisé qu'ils vivaient toujours, je me suis demandé comment il se fait qu'on entend peu parler d'eux. C'est à croire qu'ils ont perdu la parole.

Depuis la fin des années 1980, il n'y en a plus guère que pour les baby boomers. J'en parle à l'aise parce que je suis un de ces enfants de l'après-guerre qui, à force de vouloir recommencer le monde à partir de zéro, ont presque oublié que, loin de sortir de la cuisse de Jupiter, ils ont des parents et des grands-parents qui leur ont tracé la voie.

Nous étions si désireux d'expérimenter, de nous distinguer et de marcher en dehors des sentiers qu'ils avaient battus avant nous, que nous les avons souvent occultés.

Vingt ans ont passé et les rares enfants et petits-enfants que nous avons consenti à mettre au monde ne savent plus rien des géants et des géantes qui ont donné leurs noms aux écoles et aux autres institutions qu'ils fréquentent, aux parcs qu'ils traversent en planche à roulette, en patins à roues alignées et à bicyclette, aux boulevards sur lesquels ils circulent, à leurs centres de loisirs et à leurs terrains de jeux.

— Judith Jasmin?
— Connais pas.
— Armand Bombardier?
— Le gars des skidoo?
— Marc Favreau?
— Connais pas.
— Pierre Péladeau?
— Le mari de Julie Snyder?
— Alexandre de Sève?
— C'est une rue, non?
— Simonne Monet-Chatrand?
— Connais pas.
— Claire Kirkland-Casgrain?
— Connais pas.
— Lise Payette?
— L'astronaute?
— Gratien Gélinas? Esnest Ouimet?
— Es-tu en train d'me lire le bottin de téléphone?

— Connais-tu Jean Drapeau?
— Celui-là, je l'connais. C'est l'ancien maire de Montréal.
— Connais-tu Laurent Beaudoin?
— Tu vas les chercher loin...

En coupant les ponts avec cette génération de bâtisseurs, nous nous sommes coupés de nos racines et nous avons laissé une partie de notre âme au vestiaire.

Nous ne savons même pas que les parents des baby boomers ont été la deuxième génération de Québécois à avoir appris à lire et à écrire...

En 1960, c'est-à-dire il y a une cinquantaine d'années à peine, 70% des Québécois âgés de plus de 25 ans n'avaient pas complété la cinquième année du cours primaire. Ils ont malgré tout mis le Québec sur la carte du monde. Sans eux, sans leur vision, leur détermination et leur sens de la patrie, les Sirois, Simard, Laliberté, Rozon, Langlois et compagnie, qui témoignent aujourd'hui de la vitalité de notre culture, auraient peut-être émigré à Los Angeles, à Paris, à Pékin ou à Londres, comme le faisaient la plupart de nos élites avant 1960.

Avant de quitter ce chapitre, j'ai le goût de vous présenter celui qui m'a inspiré le titre du livre que vous êtes en train de lire.

LES INSOLENCES DE
MONSIEUR LONGPRÉ

Luc m'avait parlé de cet «original» (le mot est de moi) qui participait à un collectif d'écriture, qui avait mis sur pied un club épistolier, qui s'amusait à jouer à *Cadavre exquis*[1] avec les membres du club et qui était à l'origine de *L'Écho des gens d'ici*, le journal de sa résidence.

Je l'ai rencontré un après-midi du mois d'août dernier dans son condo des Promenades du Parc, à Longueuil. J'ai commencé par lui demander son âge.

— J'ai 77 ans.

— Dépêchez-vous de relire vos vieux *Tintin*, vous n'en aurez bientôt plus le droit.

— Ah, bon...

— Il est réservé aux 7 à 77 ans...

S'il a ri, je ne m'en suis pas aperçu.

Il a travaillé 25 ans chez Air Canada, en gestion des ressources humaines. Il avait 55 ans quand il a mis sur pied sa propre compagnie. Les débuts ont été difficiles.

— Les cinq premières années surtout...

Il a fini par «frapper l'huile», comme on dit, au Texas. Quand il a finalement vendu la boîte à sa fille, il avait au-delà de trois cents clients.

— Des institutions de toutes sortes, des hôpitaux...

---

[1]. *Cadavre exquis* est un jeu collectif inventé par les surréalistes vers 1925. Ce jeu consiste à faire composer une phrase, ou un dessin, par plusieurs personnes sans qu'aucune d'elles puisse tenir compte de la collaboration ou des collaborations précédentes. (Source : Dictionaire abrégé du surréalisme)

Jean-Guy Longpré, président de *L'Écho des gens d'ici*, le journal des résidants des Promenades du Parc, et Grand Maître de la Confrérie des Épistoliers devant l'Éternel.

À la fin de l'entretien, il m'a remis une copie d'un des récents numéros de *L'Écho des gens d'ici*. Son éditorial m'a impressionné. En voici un extrait.

> Les quelque 600 résidants des Promenades du Parc constituent un microcosme de la classe moyenne de la société nord-américaine. Il est bon de se rappeler que nous sommes les représentants d'une génération qui a connu les privations causées par la crise économique des années 1930, les affres de la Deuxième Guerre mondiale qui, ne l'oublions pas, a presque été perdue aux mains des nazis, l'après-guerre dans la Grande Noirceur où la corruption a régné, la course aux armements nucléaires, la Révolution tranquille lors de laquelle toutes nos valeurs ont été remises en question, la révolution technologique qui est venue bouleverser nos habitudes de vie. Et j'en passe.
>
> (...)
> Ces événements nous ont façonnés. Nous faisons partie d'une génération de personnes qui ont dû apprendre à s'adapter rapidement et efficacement à plusieurs changements majeurs survenus durant notre vie active.

En y repensant, j'ai eu le goût de l'interpeller, de m'adresser à lui en tant que représentant de sa génération. J'aurais pu l'interviewer, mais je me suis dit qu'on ne jase pas avec le grand maître du Club des Épistoliers des Promenades du Parc. On lui écrit. Dont acte.

Cher Monsieur Longpré,
Je vous ai entendu dire que les hommes et les femmes de votre génération attendiez que nous vous redonnions la parole. Vous n'avez pourtant pas attendu qu'on vous la donne, quand vous avez sorti le Québec de la Grande Noirceur, en 1960...

Cher Monsieur Paquin,
Je ne crois pas qu'il nous faille attendre qu'on nous donne la parole. C'est sûr que ça n'arrivera jamais. Comme a dit Socrate à propos de la liberté, «on ne la demande pas, on la prend». On doit appliquer ce précepte et prendre la parole. Par contre, avec l'âge on devient plus vulnérable, donc craintif de ne vouloir blesser personne. Qu'on le veuille ou non, notre voix est plus faible.

Quand j'ai prononcé ces mots, je faisais référence à une situation bien particulière à la collectivité dont je fais maintenant partie. Je demeure dans un complexe résidentiel conçu pour les personnes à la retraite âgées de plus de 70 ans. On les appelle «résidences». C'est une collectivité qui est un reflet de la classe moyenne de la société nord-américaine, à une exception près: elle regroupe un grand nombre de personnes âgées qui, pour ainsi dire, vivent en ghetto.

Dans ces résidences, on nous fournit d'excellents services reliés à nos besoins collectifs. On sait ce qui est bon pour nous. Nous n'avons pas à nous préoccuper des détails. La structure organisationnelle actuelle n'a peut-être pas été conçue pour faciliter la participation des résidants. Force m'est d'admettre qu'un grand nombre de gens qui forment cette collectivité s'accommodent fort bien de cet état de fait. Le rôle qu'on leur demande de jouer est à la fois passif et rassurant.

Je pense être le représentant de ceux, beaucoup moins nombreux, qui font exception à cette règle. Nostalgie des temps passés? Peut-être. Mais n'oublions pas que nous sommes en pleine période d'un développement social important, non seulement pour nous, mais aussi pour les générations qui vont nous suivre. Nous sommes des *nouveaux vieux* et nous avons des besoins différents de ceux qui nous ont précédés[1]...

Cher Monsieur Longpré,
Votre génération désire-t-elle participer aux débats publics?

Cher Monsieur Paquin,
Je vous répondrai en disant que certains membres de notre génération ont encore le goût de participer aux débats publics. On doit cependant le faire à notre rythme, qui ne coïncide pas toujours avec celui de nos compatriotes plus jeunes.

---

1. Note de l'auteur: J'ai un peu écourté sa réponse...

Ici, je me permets de citer madame Irène Hoskins, présidente de la Fédération internationale du vieillissement (FIV) qui codirigeait avec monsieur Claude Béland la conférence sur le vieillissement qui a eu lieu à Montréal du 4 au 7 septembre 2008.

« Si le grand âge s'accompagne inévitablement de déficits physiologiques et cognitifs qu'il ne faut pas nier, il reste qu'un nombre grandissant de personnes vivent plus longtemps en santé. C'est autant d'êtres humains qui veulent et qui peuvent contribuer au développement de nos sociétés. »

Elle conclut en disant: « Il est aussi urgent que l'on considère ces personnes comme des contributeurs tout autant que des bénéficiaires de l'avoir collectif et des progrès sociaux. »

Ce sont là des paroles réconfortantes pour les *nouveaux vieux* dont je fais partie. Ça promet pour l'avenir. Il est souhaitable que cette conférence puisse faire avancer l'idée que le moment est venu d'adopter une vision nouvelle qui considère les personnes âgées comme des participants actifs dans des sociétés basées sur l'intégration des générations.

Quand j'ai montré l'extrait du discours de Madame Hoskins à Luc Maurice, il a tout de suite bondi sur l'expression « déficits cognitifs ».

— Ce n'est pas parce qu'on est plus âgé qu'on a nécessairement un déficit cognitif. C'est une approche négative et à la limite d'être offensante.

Il a aussi réagi au point de vue que monsieur Longpré exprime sur le rôle que sont appelés à jouer les résidants dans les complexes du Groupe.

— Nous ne leur demandons pas de jouer un rôle. Au contraire, nous essayons d'être sensibles aux goûts et aux besoins de nos retraités et ceux-ci sont extrêmement variables. J'ai beau trouver qu'il y a des ghettos pire que Les Promenades du Parc, je n'en pense pas moins que tous les points de vue constructifs doivent être exprimés.

Cher Monsieur Longpré,
Quel rôle les parents des baby boomers pourraient-ils jouer pour aider à rapprocher les générations?

Cher Monsieur Paquin,
Voilà une problématique à laquelle j'attache beaucoup d'importance. On doit trouver des moyens pour mieux communiquer avec les générations plus jeunes. Il y a du «statique» sur la ligne. On a beaucoup à faire. Je vous donne un exemple parmi d'autres. Un jeune homme me dit récemment «Ah! Vous faites ce travail parce que vous aimez ça» en parlant des tâches reliées à nos activités *parallèles*. C'est comme si c'était là la seule raison qui nous motivait à agir ainsi. En d'autres mots, on s'amuse. Il ne lui est pas venu à l'esprit qu'à notre âge, notre motivation puisse être autre chose.

Par ailleurs, je vous rappelle que l'âge des personnes participant à nos activités *parallèles* varie entre 17 et plus de 90 ans, ce qui couvre plus de trois générations. Elles proviennent de partout au pays. De plus, des jeunes chanteurs venus d'une école primaire des environs ont été invités à se joindre à notre chorale lors de notre concert en mai dernier. Voilà des actions concrètes de rapprochement entre les générations. Nous nous devons de continuer dans ce sens et je me promets bien de le faire.

Monsieur Longpré a parfois l'impression de prêcher dans le désert. Je tiens à lui redire ici qu'on ne prêche jamais dans le désert.

Luc Maurice m'a parlé de son collectif d'écriture, je suis allé le rencontrer et j'ai lu son éditorial dans *L'Écho des gens d'ici*. Ça m'a donné l'idée de lui écrire et de publier ses réponses dans ce livre. Qui sait où ça s'arrêtera?

Les insolences du frère Untel auront bientôt 50 ans. Pourquoi pas une suite, Monsieur Longpré?

3

AVOIR PLUS DE 75 ANS EN 2009

> *La vieillesse apporte une lucidité dont la jeunesse est bien incapable et une sérénité bien préférable à la passion.*
>
> Marcel JOUHANDEAU

À partir de quel âge devient-on une personne âgée? À 50 ans, quand on est déjà admissible à l'Âge d'Or? À 65 ans, quand on reçoit son premier chèque de pension de vieillesse? Si c'est le cas, ça veut dire qu'il y a plus d'un million cent cinquante mille personnes âgées au Québec et que les Claude Dubois, Robert Charlebois, Diane Dufresne, Louise Forestier, Nanette Workman, Joël Le Bigot et Jacques Lemaire, qui ont tous entre 60 et 70 ans, sont des personnes âgées... Ça veut également dire que les Dominique Michel, Andrée Lachapelle, Jacques Languirand, Lise Payette, Charles Taylor, Jean-Pierre Ferland, le juge Gommery, Richard Garneau, Bernard Landry et Jean Chrétien, qui ont tous plus de 75 ans, sont des personnes très âgées... et que la plupart des résidants du groupe Maurice sont des extraterrestres.

Il y a cinquante ans à peine, on était jeune jusqu'à 30 ans. En 2009, on est un jeune premier ministre à 53 ans, un jeune chef d'entreprise à 62 ans et un jeune retraité à 65 ans.

Au début des années 1970, le chanteur français Philippe Clay, qui venait à peine de passer le cap de la quarantaine et qui se sentait rejeté à cause de «son grand âge», a écrit une chanson assez pathétique là-dessus.

> *Si l'on avait mis en quarantaine*
> *Tous les hommes de quarante ans*
> *L'humanité en serait à peine*
> *Au Moyen Âge et pour longtemps*
> *Louis Pasteur n'aurait pas découvert*
> *Son vaccin à soixante-trois ans*
> *L'avion de Clément Ader*
> *N'aurait jamais quitté la terre*
> *Il avait presque cinquante ans*
>
> *Non, ne mettez plus en quarantaine*
> *Tous les hommes de quarante ans*
> *Sous prétexte que la vie moderne*
> *Vous fait un homme à dix-sept ans* [1]

Dans le même ordre d'idées, monsieur Germain Harvey, qui dirigeait alors la Résidence Yvon-Brunet, a rédigé et publié, en 1984, la Charte des droits et libertés de la personne âgée, qui est entrée en vigueur la même

---

1. H. Dijan, *La quarantaine*.

année et pour laquelle il a reçu, en 1993, le prix Droits et Libertés de la Commission des droits de la personne du Québec.

Il y a quinze ans de cela à peine...

Le texte de cette charte est si surréaliste que je ne peux pas ne pas vous en parler.

C'est Daniel Beaudin, le candidat conservateur dans Jeanne-Le Ber aux élections de 2008, qui m'en a donné une copie. Je lui avais parlé du livre que vous êtes en train de lire. Il m'a demandé mon adresse électronique et j'ai reçu le texte de la charte le surlendemain. En voici quelques extraits.

> Considérant que la société reconnaît le droit à l'existence des personnes âgées (...), la direction de la Résidence, en vertu des pouvoirs que lui confère le ministère de la Santé et des Services sociaux, décrète ce qui suit :
>
> La personne âgée a le droit d'exprimer son individualité et sa sexualité...
>
> La personne âgée a le droit de se faire appeler par le nom qu'elle choisit de porter, de toujours voir ce nom précédé de monsieur, madame ou mademoiselle, et d'être vouvoyée en tout temps...
>
> La personne âgée a le droit de maintenir des contacts avec l'extérieur...
>
> La personne âgée a le droit d'avoir des conversations privées avec les personnes de son choix et de ne pas

être interrompue sans raison valable, lors de celles-ci...

La personne âgée a le droit de gérer ses avoirs...

La personne âgée a le droit de vivre dans un monde situé dans un cadre temporel doté d'un rythme quotidien...

La personne âgée a le droit de conserver son autonomie...

La personne âgée a le droit de faire des choix et de les modifier...

Cette charte a reçu le prix Droits et Libertés de la Commission des droits de la personne du Québec il y a QUINZE ANS!

Je l'ai lue à un ami.

— Ça veut-tu dire qu'avant 1993, les personnes âgées n'avaient pas le droit de gérer leurs avoirs, de conserver leur autonomie et d'avoir des contacts avec l'extérieur dans les résidences publiques du Québec? J'hallucine!

Si les personnes âgées avaient si peu de droits en 1993 qu'il a fallu consacrer leur droit à l'existence dans une charte, alors Germain Harvey est un saint homme et une enquête devrait être menée sur la situation qui prévalait dans les résidences durant les années 1980.

Ce texte est si surprenant que j'ose à peine imaginer ce qui me serait arrivé si j'avais essayé de le «vendre» aux centaines de retraités âgés de 75 à 99 ans que j'ai rencontrés ces derniers mois. Ils m'auraient certainement étripé.

Ils ont beau avoir laissé leurs noms à des centaines de rues, de boulevards, de squares, de parcs, d'écoles, de pavillons universitaires, d'édifices publics, de salles de spectacles et d'institutions de toutes sortes, personne ne sait combien ils sont, comment ils vivent, ce qu'ils pensent et à quoi ils rêvent encore.

Claude Castonguay, lui-même âgé de plus de 75 ans, à qui le gouvernement a commandé une étude portant sur les coûts de la santé qui a été rendue publique le 19 février 2008, s'est attardé, dans son rapport, à un certain nombre d'idées reçues sur l'impact du vieillissement de la population et sur les coûts de la santé.

Selon le père de l'assurance maladie, «le grand âge n'est plus synonyme de maladie, de pauvreté et de dépendance. La grande majorité des personnes âgées sont maintenant autonomes, en bonne santé, socialement actives et économiquement indépendantes.»

Plus loin, il ajoute que 20 % des aînés seulement ont besoin de services en raison d'une incapacité quelconque et qu'il s'agit, pour la plupart, de personnes très âgées.

Plus loin encore, il s'attaque à une des légendes urbaines les plus tenaces, à savoir que «le vieillissement de la population est la principale raison de la croissance des coûts dans le secteur de la santé». Selon lui, s'il est vrai que la consommation de médicaments croît avec l'âge, le facteur vieillissement comptera pour 1,3% dans la croissance annuelle prévisible de 6% des dépenses publiques de la santé au cours des dix prochaines années. En 2015, ce facteur passera de 1,3% à 1,6%.

Ceux qui claironnent partout que la population du Québec vieillit trop rapidement et qu'à terme le système public de soins de santé risque de ne plus être «capable de fournir», l'ont évidemment tout faux, mais ils ne réalisent peut-être pas qu'en colportant ce genre d'affirmations gratuites, ils contribuent à dresser les générations les unes contre les autres.

Les baby boomers et leurs enfants finissent par s'imaginer que le vieillissement de la population va leur coûter très cher, comme si les personnes âgées ne continuaient pas à payer des taxes et des impôts toute leur vie...

Les personnes âgées, qui lisent tout ce qui s'écrit sur elles, en viennent parfois à culpabiliser, en oubliant qu'elles payent elles aussi pour des services qu'elles n'utilisent pas toujours. Elles payent pour les routes, les ponts, la délinquance des plus jeunes, la lutte contre les trafiquants de drogue, l'aide aux sans-abri, le sport amateur, la recherche, les arts, la culture, les garderies...

Il est vrai qu'en 2038, c'est-à-dire dans trente ans, les personnes âgées représenteront 16,1% de la population du Québec (11,5% aujourd'hui). Ces chiffres sont impressionnants, mais ils ne sont pas alarmants puisque nous avons largement le temps de nous y préparer.

Du 15 mai au 15 octobre 2008, j'ai mené une enquête auprès de personnes âgées de 75 ans et plus, sur les choix qui les confrontent à l'heure de la retraite, sur les raisons qui incitent un nombre grandissant d'entre eux à déménager dans des complexes résidentiels pour personnes âgées et sur la façon dont elles espèrent finir leurs jours. J'ai interviewé plus de 350 résidants du groupe Maurice et près de 200 autres aînés rencontrés ici et là, dans toutes sortes de contextes informels. J'ai lu tous les articles de journaux afférents que j'ai pu trouver aux Archives nationales et je me suis tapé les rapports Arpin (1999), Clair (2000), Ménard (2005) et Castonguay (2008).

Voici ce que j'en ai retenu.

Les parents des baby boomers sont en bien meilleure santé que ne l'étaient leurs propres parents au même âge. Ils sont plus autonomes, plus actifs, plus instruits

Deux résidantes naviguent sur internet dans un des salons-bibliothèques de Vent de l'Ouest, à Sainte-Geneviève.

et plus à l'aise financièrement. Leur espérance de vie a considérablement augmenté et les hommes vivent maintenant presque aussi longtemps que les femmes.

Tout cela est venu changer la donne.

Plusieurs d'entre eux se sont occupés de leurs vieux parents jusqu'à leur mort. C'était courant à l'époque. Ils avaient le choix entre «les prendre à la maison» et les «placer» à l'hospice, dans un foyer pour personnes âgées, au sanatorium ou dans une résidence publique où ils seraient traités avec une certaine humanité.

Vous auriez fait quoi, à leur place?

Ils ne sont plus aussi démunis et aussi dépendants que leurs parents l'étaient. Plusieurs d'entre eux ont accumulé un fonds de pension qui leur permet de jouir d'une retraite confortable et l'État garantit aux autres un revenu annuel d'environ 14 000 $, le tout étant évidemment assujetti à certaines conditions. Pour autant que j'ai pu en juger, ils ne sont pas plus chauds à l'idée d'aller vivre chez leurs enfants qu'à celle d'être maintenus à domicile avec l'aide de l'État.

Cet échange, que j'ai eu avec un octogénaire que je croise régulièrement à l'étage des restaurants de la Place Dupuis, est représentatif du point de vue qu'ont exprimé la plupart des aînés à qui j'en ai parlé.

— La ministre des Aînés vient de...

— Pardon?

— La ministre des Aînés...

— Y a une ministre des Aînés? Pourquoi pas une ministre des Bébés? Une ministre des Travailleurs autonomes? Y savent pu quoi inventer...

— La ministre dit que la plupart des aînés veulent être maintenus à domicile le plus longtemps possible.

— On a-tu le choix? Si j'avais les moyens, j'déménagerais dans une belle résidence pour retraités, comme celles qui s'annoncent dans *Le Bel Âge*. Mais j'les ai pas. Où veux-tu que j'aille?

— Le gouvernement vient de débloquer quatre-vingt millions de dollars pour aider les aînés qui choisissent d'être maintenus à domicile.

— J'ai un voisin là-d'ssus. À chaque semaine, y a une madame qui vient faire son ménage, un monsieur qui lui cuisine un repas pis quelqu'un d'autre qui vient l'aider à se laver. C'est mieux que rien, mais en connaissez-vous beaucoup, des gens qui ont vraiment envie de vieillir tout seuls? S'il y en a, «y en a peu, y en a guère», comme dit la chanson.

— Y s'rait pas mieux d'aller vivre dans sa famille? Un de ses enfants, s'il en a, ou un autre membre de sa famille pourrait peut-être le prendre chez lui?

— Sa famille? Quelle famille? Y en a pu d'familles... J'ai trois gars pis deux filles. J'en ai deux de mariés. Un deuxième pis un troisième mariage. Des familles reconstituées avec la garde partagée. Les enfants ont trois pères, deux mères pis dix grands-parents. Les autres sont divorcés. Y sont jamais chez eux. Y sortent, y sont en voyage. J'ai pas d'affaire là, comprends-tu? Qu'est-ce que tu veux qu'y fassent d'un vieux bonhomme comme moi? J'm'ennuierais pour mourir... Quand j's'rai pu capable de m'occuper de moi-même, j'vas m'ramasser dans un CHSLD si y a d'la place, à l'hôpital ou ben dans une famille d'accueil... Tiens, ça s'rait pas bête, ça. Y a des familles d'accueil pour les ados, pourquoi y en aurait pas pour les aînés?

Je lui ai demandé s'il avait entendu parler des aidants naturels (les proches aidants).

— C'est pas l'affaire de Chloé Sainte-Marie, ça?

Il n'y a pas si longtemps – ça se fait encore –, les aînés qui le désiraient «se donnaient à leurs enfants». Ils renonçaient à tous leurs biens en faveur du plus vieux de leurs garçons qui, en échange, prenait soin d'eux jusqu'à leur mort... Une autre époque, dites-vous?

Aparté

J'ai un ami libanais. Il s'appelle Amer. C'est un des propriétaires du Café Vienne de l'Île-des-Sœurs. Quand je lui en parle, il répond invariablement la même chose.

— Chez nous, au Liban, on vient au monde dans sa famille et on meurt dans sa famille. C'est comme ça. Jamais je n'accepterais que ma mère aille vivre dans une maison de retraite. Ça ne se fait pas.

Les aînés d'aujourd'hui savent bien que leur autonomie physique en prendra un coup avec les années, que leurs forces déclineront et qu'il leur sera de plus en plus difficile de vivre seuls, même avec la visite des auxiliaires du CLSC, ce qui n'est pas toujours possible. Ils savent aussi qu'il n'y a plus de place dans les CHSLD.

Plusieurs de ceux qui en ont les moyens se cherchent une résidence, pour toutes sortes de raisons, et ceux qui ne les ont pas sont dans l'attente d'une solution à un problème qui devrait concerner tout le monde. Plusieurs de ces derniers m'ont dit qu'ils ne comprenaient pas pourquoi les baby boomers, qui arriveront massivement à la retraite dans une quinzaine d'années et qui vivront les mêmes choses, ne sont pas plus nombreux à mettre l'épaule à la roue.

— Y m'semble que ça leur profiterait quelque part, non?

Les 350 résidants du groupe Maurice que j'ai rencontrés – seuls, en couples ou en groupes – avaient entre 70 et 95 ans. Ils étaient, pour la plupart, très autonomes. Je n'ai pas interviewé les résidants qui vivent dans des studios réservés à ceux qui sont en perte d'autonomie cognitive.

Je leur ai demandé à tous pourquoi ils avaient décidé de vendre leur propriété (maison ou condo) ou de briser leur bail, selon le cas, alors qu'ils étaient encore parfaitement capables de vivre seuls, les couples surtout. Je me disais qu'ils devaient avoir ressenti une peine immense en quittant le quartier où ils avaient habité une bonne partie de leur vie, en disant adieu à leurs amis et en vendant leurs meubles...

Quatre-vingt pour cent des résidants que j'ai rencontrés habitaient dans un périmètre de deux à cinq kilomètres autour de leur nouvelle résidence. Les autres étaient venus rejoindre leurs enfants, qui vivaient à proximité. Les résidants du Notre-Dame venaient presque tous de Repentigny, ceux des Résidences du Marché venaient de Sainte-Thérèse, etc.

J'en ai parlé à Luc Maurice, qui m'a expliqué qu'il concevait ses complexes résidentiels en fonction des goûts et des besoins des clientèles locales.

— Je me refuse à construire des résidences stéréotypées...

Pour le reste, voici ce qu'ils m'ont répondu quand je leur ai demandé ce qui les avait décidés à déménager dans un complexe résidentiel pour retraités :

— Je devenais de plus en plus insécure. J'avais peur de tomber. Vous ne le savez peut-être pas, mais en vieillissant, on a toujours peur de tomber.

Ils ont peur de ne plus être capables de se relever, de se blesser, de chuter dans l'escalier, de ne pas être capable d'appeler à l'aide.

— J'avais peur des voleurs...

À force de lire les histoires d'horreur que rapportent les journaux, ils finissent par avoir peur de répondre à la porte et par se méfier des individus qui les serrent d'un peu trop près. Ils craignent ces fameuses invasions de domiciles qui ciblent souvent les personnes âgées, qui ont la réputation de cacher de l'argent sous leur matelas.

— À la résidence, il y a du personnel infirmier vingt-quatre heures par jour, des boutons d'alarme dans toutes les pièces, un bon système de sécurité et des gens qui s'inquiètent de nous.

Le personnel du groupe Maurice ne s'occupe pas seulement de la sécurité de ses résidants. On prend aussi soin de leur forme physique.

L'entretien de la maison et du terrain finit aussi par leur peser.

— Nous en avions assez de tondre le gazon, de pelleter l'entrée du garage, d'installer les fenêtres l'hiver, d'entretenir la maison, de réparer la clôture, de sortir les vidanges, de peinturer, de ramoner la cheminée...

De mémoire, je dirais que plus de la moitié d'entre eux ont évoqué une de ces raisons-là.

Les couples ont souvent peur que l'un d'entre eux tombe malade.

— Mon mari avait de la difficulté à se lever. Je l'aidais à s'habiller, à se laver, à descendre l'escalier. Je l'emmenais au parc... J'étais fatiguée et j'avais peur de ne plus être capable de bien m'occuper de lui. Je me demandais souvent ce qui allait nous arriver...

Ceux-là trouvent à la résidence l'aide dont ils ont besoin: un personnel infirmier disponible en tout temps qui prodiguera des soins à leur conjoint en perte d'autonomie, ce qui leur laissera le temps de refaire leurs forces et de s'occuper d'eux-mêmes. Ils retrouvent ainsi un peu du plaisir qu'ils avaient à vivre en couple, avant que leur conjoint ne tombe malade.

— On s'est regardés dans les yeux, puis on s'est dit qu'on n'attendrait pas d'être malades avant de déménager. On voulait choisir nous-mêmes l'endroit où nous finirions nos jours. On voulait jouir un peu de notre dernière retraite...

Plusieurs d'entre eux m'ont avoué que leur santé, qui était déjà bonne quand ils ont emménagé dans leur résidence, s'est améliorée avec le temps. Ils font de l'aquaforme, ils s'entraînent, ils font de la peinture, de la marche à pied, des tours de ville... Ils écrivent dans le journal de la résidence, socialisent, prennent un café ou un verre au

Histoire sans paroles...

bistro... Tout cela dans une ambiance conviviale et chaleureuse. Et si je me fie à ce que j'ai vu, j'ajouterais qu'ils en oublient presque de vieillir...

— Depuis que mon mari et moi avions pris notre retraite, nous nous sentions de plus en plus isolés. Nos enfants étaient occupés à gagner leur vie et plusieurs de nos amis passaient la moitié de leur temps en Floride... quand ils n'avaient pas carrément quitté ce monde. Nos anciens collègues ne donnaient plus de nouvelles. Quand on ne se voit plus tous les jours, on finit par avoir de moins en moins de choses à se dire...

La solitude est castratrice. Elle vous fait perdre confiance en vous. Elle aigrit et vous renvoie une image de vous qui vous brise le moral.

Nous ne sommes pas faits pour vivre seuls.

Les aînés qui optent pour la vie en résidence se demandent souvent pourquoi ils ne l'ont pas fait avant. Ils participent à la vie communautaire, ils se font des amis, ils continuent de s'épanouir jusqu'à un âge avancé. Ils apprennent, ils partagent, ils aident les autres, ils jouent au billard, au golf virtuel, à la pétanque, au bingo et au bridge... Ils apprennent à naviguer sur internet, ils font de la peinture, ils jardinent, ils chantent dans des chorales, ils suivent des cours de danse, ils assistent à des spectacles, ils font des sorties en groupe...

Et il leur arrive parfois, à leur tour, de manquer de temps pour recevoir leurs enfants...

Voilà ce qu'ils m'ont dit.

Un Luc Maurice enflammé, en pleine présentation de son nouveau complexe résidentiel, L'Image d'Outremont.

4

LA VISION DE LUC MAURICE

> *Ce que je sais faire le mieux,*
> *c'est faire partager mon enthousiasme.*
>
> Bill Gates

Il y a des mots difficiles à définir. Le mot «visionnaire» en est un. Mon Petit Robert de poche 2007 dit qu'un visionnaire, c'est quelqu'un qui a l'intuition de l'avenir. Point à la ligne. Je vous avoue que je trouve ça un peu court. On pourrait dire la même chose d'une voyante ou d'un astrologue. Vous ne trouvez pas?

Quand je dis que Luc Maurice est un visionnaire, je veux dire que c'est un innovateur et un créateur, qu'il a sa façon à lui de voir et de faire les choses et qu'il est capable de transformer ses idées en actions concrètes.

Le 2 juin 2008, j'ai assisté à une conférence de l'IDU (Institut de développement urbain du Québec) que les organisateurs avaient intitulée «Mythes et réalités sur un domaine en plein essor: les résidences pour personnes âgées».

Dans le texte de l'invitation, il y avait d'écrit que Luc Maurice, un des principaux conférenciers invités, considérait que les promoteurs intéressés à prendre le bateau devaient relever un certain nombres de défis. Il était également précisé que l'unique créneau du groupe Maurice était la construction, la mise en marché et la gestion de complexes résidentiels pour personnes âgées.

À l'IDU, on m'a plus tard expliqué les avantages qu'il y a à ne pas occuper tous les créneaux en même temps.

— Construire des complexes résidentiels est une chose. Construire des complexes résidentiels pour retraités en est une autre...

Quand j'en ai reparlé à Luc, il a ajouté que son expertise, c'est la conception et la réalisation avant-gardiste de complexes résidentiels qui répondent aux besoins des retraités et sur l'organisation des services qu'il leur fournit... et que ça l'occupe à plein temps.

Il devait bien y avoir cent cinquante personnes dans la salle. Des promoteurs, des banquiers, des fonctionnaires... Sa conférence a duré plus d'une demi-heure au cours de laquelle on aurait pu entendre voler une mouche.

J'ai pris des notes. Les voici, telles que je les ai attrapées.

Il a commencé par dire que la moyenne d'âge de ses résidants grimpait d'année en année. C'est peut-être une évidence, mais on n'a pas idée jusqu'à quel point les besoins des gens changent quand ils vieillissent.

«Ils ont autour de 75 ans quand ils nous arrivent. La plupart d'entre eux sont autonomes et plusieurs le seront encore à 90 ans. D'autres sont semi-autonomes et leur état demeurera stable très longtemps. Certains sont en perte d'autonomie et leur état nécessitera des soins particuliers. Il y a ceux qui verront leur état empirer brusquement...

«En 1999, nous avons construit un complexe résidentiel à Sainte-Thérèse. Nous y avons accueilli trois cents retraités autonomes. Leur moyenne d'âge avoisinait les 78 ans. Dix ans ont passé. Ils ont maintenant 88 ans. Il nous a fallu évoluer avec eux. Nous ne pouvons quand même pas tous les envoyer dans des CHSLD publics! En les gardant avec nous, nous contribuons à alléger le fardeau du secteur public. C'est la voie de l'avenir. L'État et le public vont devoir trouver le moyen de collaborer.

«La très grande majorité des personnes âgées en perte d'autonomie du Québec résident dans les centres d'hébergement les plus lourds et les plus coûteux, à savoir les CHSLD publics et privés conventionnés. Compte tenu du fait que les ressources du gouvernement sont limitées et que les besoins sont de plus en plus grands, il faut augmenter la proportion de personnes âgées en perte d'autonomie hébergées dans des centres privés, en commençant par les clientèles les moins atteintes. Une plus grande collaboration entre le public et le privé aurait pour effet de réduire les coûts des services et d'augmenter l'offre d'hébergement sans toucher à la qualité des services.»

«Dans un autre ordre d'idée, chacun de nos complexes résidentiels est conçu comme un petit village. On y retrouve un dépanneur, un bistro, un salon de coiffure, une piscine, une salle de lecture, une salle à manger, un lieu de recueillement, une salle de cinéma maison, une salle d'exercice, une salle de billard... et des employés dynamiques qui aident les «villageois» à apprivoiser leur nouveau milieu de vie.

« Les aînés sont de plus en plus instruits. Ils savent ce qu'ils veulent et ils ne se gênent pas pour nous le dire. On ne peut plus construire une résidence sans tenir compte de leurs goûts, de leurs besoins et de leurs habitudes. La qualité des services que nous leur offrons doit être notre toute première priorité. Au-delà de cette préoccupation constante, il nous faut encore installer une âme dans la résidence...

«On sait que ça marche quand les résidants prennent leur village en main, quand ceux qui ont envie de peindre nous demandent de leur trouver un local, quand ceux qui ont du talent pour écrire fondent un journal, quand il se forme un comité pour accueillir les nouveaux résidants, quand on réalise que les bricoleurs rendent toutes sortes de services aux autres, que ceux qui sont familiers avec les ordinateurs font la même chose... Une âme, ça ne se crée pas en criant «ciseau». Ça prend une année à installer et encore faut-il que ça vienne des résidants eux-mêmes. Il faut en outre s'attendre à ce que chaque résidence génère sa propre dynamique interne. Cela exige de notre personnel une grande ouverture d'esprit. Nous recherchons des employés sensibles, efficaces et passionnés qui respectent la parole donnée et qui partagent nos valeurs. Des gens qui *aiment* la compagnie des aînés... Les résidants s'habituent à nos employés. Ils s'y attachent, même. Ils ne veulent pas avoir l'impression de vivre à l'hôtel. À l'hôtel, le personnel et les clients changent plus souvent.»

Le Groupe s'emploie à développer des outils et des mécanismes susceptibles de permettre aux résidants de communiquer avec la direction, de s'exprimer... de se plaindre, même.

«Il est important de permettre la critique...»

«Il peut arriver que la mauvaise conduite d'un résidant devienne une source de distraction pour les autres. C'est rare, mais ça arrive. Il faut énormément de tact pour gérer ce type de situation. Il ne faut surtout pas se montrer intolérant. Il faut chercher à comprendre, à résoudre les conflits, à désamorcer les situations de crises. Il faut avoir le courage de montrer la sortie à ceux qui troublent la sérénité de la résidence et qui ne s'amendent pas après des avertissements répétés, mais nous demandons à nos employés d'être aussi empathiques que possible.»

«Il peut également arriver que la santé d'un résidant se détériore et que le personnel infirmier ne soit plus en mesure de lui fournir les soins que nécessite son état.

Dans la plupart de nos résidences, nous sommes en mesure de leur fournir jusqu'à deux heures et demie de soins par jour. Nous n'avons ni le personnel, ni les autres ressources qu'il faudrait pour traiter les gens qui perdent une plus grande partie de leur autonomie. Le cas échéant, nous accompagnons nos résidents et leurs familles dans leur recherche d'un endroit où ils pourront recevoir des soins plus adéquats.

«Il arrive de plus en plus souvent qu'un des conjoints devienne l'aidant naturel de l'autre. Il faut que nous les épaulions, quitte à installer le conjoint en perte d'autonomie à l'étage des soins. Ils ne vivent pas nécessairement dans le même appartement, mais ils peuvent se voir aussi souvent qu'ils le désirent. Les deux y trouvent leur compte. L'aidant a le loisir de penser un peu à lui. Quant à l'aidé, il préfère généralement que le personnel infirmier s'occupe de sa toilette intime et passer des moments de qualité avec son conjoint sans avoir l'impression d'être un poids pour lui.»

«Les aînés aiment que la résidence qu'ils choisissent soit située dans ou tout près du quartier dans lequel ils ont déjà vécu. Plusieurs d'entre eux continuent à s'impliquer dans leur communauté. Ils le font à leur rythme. Ils montent des collectifs d'écriture, des comédies musicales, ils organisent des levées de fond pour des organismes d'entraide...

«Nos résidents ne veulent pas vivre dans une bulle, coupés du reste du monde. Ils tiennent à leurs habitudes et ils veulent demeurer des citoyens à part entière de leur petit coin de pays.»

«Ce métier-là, ce n'est pas pour n'importe qui. Nous avons près de huit cents employés. Il faut parfois en rencontrer plus de trois cents pour finir par en embaucher soixante. Nous sommes à la recherche constante de gens empathiques qui aiment et qui respectent les personnes âgées, qui ont du tact et des manières et qui comprennent d'instinct qu'en vieillissant, on aime de moins en moins tout ce qui s'appelle «règlement» et «changement». On s'attend à être respecté et on valorise de plus en plus la sécurité et la convivialité.»

À la fin de la conférence, mon voisin de droite s'est tourné vers moi.
 — Vous êtes du groupe Maurice?
 — Non.
 — Je disais ça à cause de votre badge.
J'étais l'invité du groupe Maurice.
 — Je construis des condos. Le marché des résidences pour personnes âgées m'intéresse. Je devrais dire qu'il m'intéressait...
 — Luc Maurice vous a-t-il découragé?
 — Ça m'a l'air pas mal compliqué à gérer, ces résidences-là...
 — Il vient de le dire: ce métier-là, c'est pas pour n'importe qui. Il faut avoir la vocation.

— Vocation ou pas, ça doit être extrêmement difficile, non?

— Un jour, quelqu'un a posé un peu la même question à Picasso: «Maître, est-ce que c'est difficile de peindre?»

— Qu'est-ce qu'il a répondu?

— «Ou bien c'est facile, ou bien c'est impossible. C'est l'un ou l'autre.» Luc Maurice est un concepteur et un gestionnaire de complexes résidentiels pour personnes âgées. C'est son unique créneau.

— Pour lui, c'est facile...

5

LA GARDE RAPPROCHÉE
DU PRÉSIDENT

Un leader, c'est quelqu'un qui veut faire quelque chose de positif pour la société.
Stephen JARISLOWSKY

Ils sont quatre. Deux femmes et deux hommes. Ce sont les généraux de ses armées. Ils vont à la guerre avec lui. Ils gèrent l'exceptionnelle croissance de la compagnie et ils font ce qu'ils peuvent pour suivre le rythme d'enfer que leur impose leur marathonien de patron.

Interviewer un des vice-présidents du groupe Maurice, c'est comme poser des questions à un coureur cycliste en plein tour de France. Il faut avoir du souffle et être capable de tenir la cadence.

Il tenait à ce que je les rencontre.

«Elle, c'est l'âme de la compagnie...»

«Tu lui demanderas à lui... Y va t'parler de la nouvelle réglementation...»

«La formation, c'est Édith...»

«Les opérations, c'est Pierre...»

Je comprends maintenant pourquoi...

Dans les pages qui suivent, je vais vous parler de leur rôle au sein du Groupe, de leur relation particulière avec leur président et surtout... de leurs grands-mères. Vous avez bien lu. Je vous les présente, par ordre d'entrée en scène.

MARIE MICHÈLE DEL BALSO
Vice-présidente - Développement et Affaires corporatives

C'est une économiste de formation. L'âme du groupe Maurice, c'est elle. Ce n'est pas moi qui le dis, c'est Luc Maurice. La première fois que je le lui ai dit, elle a rougi. Les autres fois, elle a souri en détournant subtilement la conversation.

Premier emploi: la SCHL (Société centrale d'hypothèque et de logement). Premier mandat: évaluer la faisabilité et la viabilité d'un projet déposé à la SCHL par les propriétaires de Au fil de l'eau, une résidence pour personnes âgées conçue durant les années 1970.

— J'ai commencé par demander à mes supérieurs de me donner accès à leur base de données relative aux résidences pour personnes âgées.

Il n'y en avait pas... Dire qu'elle en fut surprise serait trop peu dire. Elle avait déjà l'intuition que le marché des résidences pour personnes âgées allait bientôt exploser. Ça lui paraissait une évidence. Tellement, d'ailleurs, qu'elle s'est immédiatement attelée à la tâche de monter sa propre base de données.

— J'ai dit à mes supérieurs qu'il s'agissait d'une «tendance lourde» et j'ai entrepris de compiler toutes les données disponibles partout où j'ai pu les trouver. J'ai même glissé des questionnaires extrêmement pointus dans la plupart des distributions postales de la SCHL.

Elle a publié les résultats de ses recherches en 1990. Son étude est rapidement devenue la bible des promoteurs et des investisseurs désireux de construire ou de financer des résidences pour personnes âgées au Québec, et la SCHL vient d'en éditer une version pour le Canada anglais.

Elle a quitté la SCHL en 1998.

— J'avais l'impression de tourner un peu en rond...

Elle s'est retrouvée chez Raymond, Chabot, Grant, Thornton (RCGT), un énorme bureau de comptables agréés qui avait sa Division immobilière. On lui a immédiatement confié le développement du secteur des résidences pour personnes âgées.

C'est chez RCGT qu'elle a rencontré Luc Maurice.

— Il voulait construire un complexe résidentiel pour personnes âgées à l'Île-des-Sœurs et il souhaitait que je fasse son étude de marché. Je lui ai déconseillé de le construire. Je lui ai dit que le site qu'il avait choisi était idéal, mais que la demande n'était pas encore suffisante. «Si tu me demandes une étude de marché, je vais te répondre: bonne idée, mais c'est trop tôt.»

Il écouta son conseil et reporta son projet à plus tard.

— Il avait l'air de savoir ce qu'il voulait et il était extrêmement déterminé. Il projetait alors de construire deux complexes résidentiels en tout et de les gérer jusqu'à sa retraite.

Elle réalisa les études de marché de ses deux premiers complexes résidentiels: Les Résidences du Marché, à Sainte-Thérèse, en 1999, et le Notre-Dame, à Repentigny, en 2000.

Elle comprit rapidement qu'il ne s'arrêterait pas là. Deux ans plus tard, il accoucha des Verrières du Golf, à Saint-Laurent, un projet innovateur et hors normes.

Durant ces années, il l'appelait chaque fois qu'il en avait l'occasion. Il l'invitait à prendre un café, à déjeuner ou à dîner.

— J'ai besoin de toi au groupe Maurice.

Elle a hésité jusqu'en 2003. Elle aimait son enthousiasme, son goût du risque et son contact extraordinairement humain avec les personnes âgées. Un matin, elle a dit oui. Le temps de le dire, le groupe Maurice termina la construction des Verrières du Golf et entreprit de bâtir son quatrième complexe à LaSalle (2004).

— C'était la vitesse «grand V». On n'avait pas encore terminé le complexe de LaSalle qu'il planchait déjà sur Ambiance, à l'Île-des-Sœurs (2005).

Elle s'est impliquée à fond dans ce dernier complexe, mais elle avait du mal à le suivre. Ses complexes étaient si différents les uns des autres qu'il était presque impossible de prévoir à quoi ressemblerait le prochain. Et le plus drôle, c'est que ça marchait à tout coup. Ses complexes étaient pleins, les retraités se passant le mot, et le groupe avait le vent dans les voiles. C'est pourtant à ce moment-là qu'elle a posé son pied à terre.

— Si tu veux que je reste, je veux être impliquée dans ton prochain projet. De A jusqu'à Z...

Il accepta d'emblée et ils se mirent aussitôt au travail.

— Il y avait un terrain vacant à Longueuil. Je le trouvais cher, mais bien situé. Il y avait des immeubles à condos autour. Nous les avons visités et nous avons demandé aux personnes âgées du coin si elles seraient intéressées à louer un appartement aux Promenades du Parc. Plusieurs nous ont dit qu'elles préféreraient acheter un condo.

C'est ainsi qu'ils décidèrent de construire 126 condos, 212 appartements et 116 studios de soins en un seul coup! Personne n'avait encore pensé à construire des condos et des appartements dans un même complexe résidentiel et à les faire cohabiter en leur offrant les mêmes services.

Vue aérienne du complexe résidentiels Les Promenades du Parc, à Longueuil.

C'était extrêmement audacieux, mais, encore là, le succès fut immédiat. Les 126 condos se vendirent en un rien de temps et les 212 appartements se louèrent à la même vitesse. Idem pour les unités de soins. Quelques mois après l'ouverture, il y avait une liste d'attente...

Les propriétaires, les locataires et les personnes âgées en perte d'autonomie y ont rapidement constitué une mini société chaleureuse et conviviale. «Le ciment a pris», m'a simplement répondu un joueur de billard à qui je venais de demander s'il avait senti des problèmes d'adaptation entre les trois groupes.

En cinq ans, elle a participé au développement de huit nouveaux complexes résidentiels, tous plus novateurs les uns que les autres, et ça continue.

Elle qui a bien connu la plupart des promoteurs immobiliers du Québec, se dit encore impressionnée par la

Marie Michèle Del Balso, toute souriante, en compagnie d'un couple de résidants des Verrières du Golf, à Saint-Laurent.

vision de Luc Maurice. Elle documente ses intuitions, les explique et les rationalise. Elle met ses idées en mots.

— Il ne rate pas une occasion de remercier ses résidants. «Vous me permettez de réaliser mes rêves», qu'il leur dit... et je le connais depuis assez longtemps pour ne pas douter une seule seconde de sa sincérité. D'ailleurs, il est toujours sincère, même quand il dit qu'il ne faut jamais, au grand jamais, tomber en amour avec un site.

— Ça lui arrive?

— Ça lui arrive tout le temps...

— Y fait quoi, dans ce temps-là?

— Il se raisonne...

J'allais oublier de vous parler de sa grand-mère. Celle qui l'a élevée. Elle était sa confidente et sa grande amie. Elles ont longtemps dormi dans la même chambre. Elle est morte il y a quelques années, mais elle occupe encore une grande place dans sa vie. Elle vient tout de suite après ses deux enfants et son mari, mais ça, c'est moi qui le dis.

Quand elle a une décision importante à prendre – et elle en prend tout le temps –, elle se demande «ce que grand-maman aurait fait à ma place».

Elle jongle avec des formules qui donneraient mal à la tête à des actuaires, elle prend couramment des décisions qui mettent en jeu des dizaines de millions de dollars, elle négocie tous les jours avec la crème des financiers, des avocats et des entrepreneurs... et c'est à sa grand-mère qu'elle demanderait conseil si elle vivait encore.

PIERRE RICHARD
Vice-président - Exploitation

Luc et lui se sont connus au Collège militaire. Pas au point de passer leurs temps libres ensemble, mais assez pour se deviner des affinités.

Le père de Pierre était un soldat de carrière, ce qui l'amenait à déménager souvent.

— La maison familiale, c'était celle de mes grands-parents. Toutes nos autres demeures étaient des lieux de passage.

Il me raconte une anecdote qui en dit long sur les «pouvoirs» qu'il prête à sa grand-mère.

— Un soir, mes grands-parents dînaient en tête-à-tête, quand ma grand-mère s'est subitement levée de table. Elle a pris un couvert dans l'armoire, l'a mis sur la table et a tiré une chaise. «François va venir ce soir...»

François, c'était le père de Pierre. Il était cantonné en Allemagne et elle ne pouvait absolument pas savoir qu'il viendrait dîner ce soir-là.

— Il est arrivé un peu après huit heures. Elle avait cette sorte d'instinct-là...

Je lui ai demandé pourquoi il avait décidé de s'enrôler.

— C'était en 1975. Il y avait un fort mouvement de grève dans les cégeps. En travaillant l'été, j'avais économisé assez de sous pour me payer le collège Brébeuf, mais, à la dernière minute, j'ai décidé de passer les examens d'entrée au Collège militaire.

À la fin de ses études, Luc est devenu pilote et Pierre est devenu officier dans l'Armée de terre, en Europe. Leurs chemins se sont recroisés quand ils sont devenus aides de camp de la gouverneure générale du Canada. Dans l'exercice de leurs fonctions, ils rencontraient régulièrement Paul Tellier, qui était alors greffier auprès du Conseil privé.

Paul Tellier, qui était par le plus grand des hasards le beau-père de Pierre Richard, allait devenir un des mentors de Luc Maurice.

— À la fin de notre engagement d'aide de camp, nos chemins se sont séparés. Je suis retourné dans l'armée et j'y suis resté un certain temps, jusqu'à ce que je découvre que ma vie familiale commençait à souffrir de mes nombreuses affectations. J'avais 28 ans, j'étais major et la suite des choses m'apparaissait un peu prévisible...

Il en était là quand, en 1990, Luc Maurice a eu la bonne idée de lui passer un coup de fil.

— Allô, Pierre. J'viens de fonder une compagnie. Ça s'appelle Gestion Dali Management. Je conçois et j'évalue l'aménagement de résidences et de services cliniques pour personnes âgées. J'ai besoin de toi...

— Il est tombé pile. Je tournais un peu en rond dans l'armée et je savais que je ne m'ennuierais pas avec lui. Y est pas arrêtable, ce gars-là. Y est fort comme un cheval pis y est toujours en mouvement. J'ai accepté son offre et je suis resté à son emploi tant qu'il a eu des mandats à me confier.

Il s'est ensuite engagé dans la fonction publique canadienne, dans les services frontaliers et au Bureau du Conseil privé.

Sept ans plus tard, leurs destins se sont à nouveau croisés. À l'époque où Luc démarrait le groupe Maurice, Pierre avait un pied-à-terre à l'Île-des-Sœurs et les deux amis se retrouvaient souvent dans l'un ou l'autre café de l'île.

— Luc me parlait de son Groupe et des projets qu'il avait sur la table. Il essayait de me convaincre d'embarquer avec lui, mais son affaire roulait tellement vite et tellement fort que j'hésitais un peu... Un matin, il m'a passé un coup de fil: «Ça grossit, mon affaire. J'ai besoin d'un v.-p. à l'exploitation.» J'ai embarqué. Quand je l'ai rejoint au bureau chef, à Saint-Laurent, je lui ai dit qu'il faudrait que je réorganise son bureau. «Fais ce qu'il faut, m'a-t-il dit.» Il y a trois ans de cela. Nous avons maintenant une douzaine de complexes résidentiels et 757 employés. Luc parle d'en ouvrir treize autres... et veux-tu que je te dise? Il va les ouvrir.

Je lui ai demandé si sa grand-mère, une Ukrainienne de Vancouver, vivait toujours.

— Elle a 93 ans et elle vit encore chez elle. C'est une femme volontaire. Quand elle n'est pas contente, il lui arrive d'écrire au premier ministre...

— Elle vit seule?

— L'autre jour, je l'ai prise à part et j'ai essayé de la raisonner. «*Nana, you know that I've got residences for seniors. Why don't you...*» Elle m'a arrêté. «*I'll let you know...*» C'était sans appel.

Non, cette dame n'est pas la grand-mère de Pierre Richard. Il s'agit d'une des résidantes du groupe Maurice.

Il avait les yeux pleins d'eau, comme Luc Maurice quand il parle de la sienne. Je n'ai presque pas connu les deux miennes, mais si je ne termine pas ce livre bientôt, elles vont finir par me manquer.

Il m'a raconté une anecdote qui en dit long sur son ami et patron. Ça s'est passé un peu avant la fermeture de Gestion Dali Management. La petite firme conseil était alors au bout de ses ressources.

— Il nous fallait trouver un gros investisseur à tout prix. Ne sachant trop à qui nous adresser, nous sommes allés voir Maurice Sauvé.

L'époux de la gouverneure générale prenait l'avion pour Toronto le lendemain.

« Si vous avez un plan d'affaires, donnez-le-moi. C'est le temps. Je le présenterai à un groupe d'investisseurs que je rencontre justement à Toronto. Dépêchez-vous, mon avion part à dix heures demain matin. »

Les deux hommes et trois autres collègues de travail passèrent la soirée et la nuit entière à monter le plan d'affaires d'un complexe résidentiel pour retraités qu'ils avaient l'intention de réaliser dans la région d'Ottawa.

À huit heures, le document n'était pas encore assemblé... À huit heures trente, il restait encore des photocopies à faire... À neuf heures quinze, Luc Maurice a attrapé les copies de son plan d'affaires, a sauté dans sa vieille guimbarde et s'est lancé dans une course contre la montre à la Jean-Paul Belmondo dans les rues d'Ottawa.

Il a brûlé tous les feux rouges, zigzagué entre les voitures, dépassé à droite... jusqu'à ce que la police se rende compte de son manège. Ses résidants auraient été fiers de lui!

Les policiers ont bien essayé de l'interpeller, mais il ne s'est jamais arrêté. Il était en mission.

Arrivé à l'aéroport, il s'est stationné n'importe où et s'est mis à courir de toutes ses forces, en enfreignant le plus de règles possibles. Il a réussi à grimper dans le petit avion nolisé et c'est à neuf heures cinquante-cinq qu'il a remis l'enveloppe à Maurice Sauvé, en mains propres.

L'histoire ne dit pas comment tout cela s'est terminé. Je ne sais pas si les policiers ont fini par lui mettre la main au collet, si sa vieille voiture a tenu le coup, si Maurice Sauvé lui a trouvé l'investisseur qu'il cherchait.

Pierre Richard ne me l'a pas dit et je ne le lui ai pas demandé. J'aime bien les histoires qui finissent par des points de suspension.

Avant de vous présenter le v.-p. aux finances qui est, entre vous et moi, moins facile à attraper qu'une barre de savon dans un bain de mousse, je me permettrai de vous faire remarquer que les «hommes» du président Maurice sont aussi fous, aussi intègres et aussi dévoués au service des retraités que leur patron. C'est déjà un exploit en soi.

JACQUES PEARSON
Vice-président - Finances

Comme les trois autres vice-présidents du groupe Maurice, il a sauté dans le train pendant qu'il était en marche. Il est arrivé en 2006.

Il est comptable agréé et il a fait ses classes chez Samson Bélair Deloitte & Touche. Au bout d'un certain temps, il a réalisé que la consultation n'était pas vraiment sa tasse de thé.

— Un consultant, ça analyse, ça se fait une idée, ça donne des conseils... mais ça ne voit jamais le fruit de son travail. C'est ce qui m'a donné envie d'aller voir ailleurs.

De 2001 à 2005, il a travaillé à redresser une grosse entreprise spécialisée en technologie de l'information.

Elle éprouvait d'énormes difficultés et il a eu à gérer sa décroissance. Son mandat a pris fin quand de nouveaux investisseurs ont racheté l'entreprise.

À quelque temps de là, il a été interviewé par un chercheur de têtes qui l'a recommandé au groupe Maurice, une compagnie en pleine croissance qui se cherchait un v.-p. finances. Ses parents demeuraient déjà au Notre-Dame, à Repentigny, et sa belle-mère demeurait au Cavalier, à LaSalle, deux des résidences du Groupe. Il avait donc été exposé aux valeurs de l'organisation.

— Mon père est autonome, mais il était attiré par la vie en résidence et il tenait à la choisir pendant que ma mère et lui étaient en forme. Quand il a vu le chantier du Notre-Dame, il s'y est régulièrement pointé pour suivre l'évolution des travaux. Ma belle-mère avait perdu un peu de son autonomie. Elle avait besoin de repos. Elle a visité le Notre-Dame, mais elle a finalement opté pour le Cavalier, qui était alors en construction.

Marie Michèle Del Balso, la v.-p. affaires corporatives, m'avait prévenu: «Tu ne rencontreras jamais un homme plus dévoué à sa famille que lui.»

Il a deux grandes passions dans la vie: sa famille et son travail. Dans cet ordre-là.

— Mon fils a huit ans et il a la chance d'avoir un de ses deux parents à la maison. Sa mère a eu des ennuis de santé et elle poursuit sa convalescence à la maison. Le moins que je puisse faire est de rentrer à la maison sitôt que mon travail est terminé.

En le cuisinant un peu, j'ai su qu'il s'occupait ou qu'il s'était occupé des deux garçons de la sœur de sa femme, que sa belle-mère venait souvent coucher à la maison quand elle était un peu plus autonome...

— Il y avait vingt personnes en fin de semaine pour la première communion de Charles. La plupart étaient des membres de la famille...

Quand le chasseur de tête l'a recommandé au groupe Maurice, il a eu sa première rencontre avec le président.

— Il n'était pas seul... Il y avait Pierre, Marie Michèle et Michel – Judith Allard n'était pas encore arrivée. J'ai eu ma deuxième rencontre trois jours après. C'était tellement rapide que je me suis dit qu'ils allaient me dire que je n'étais pas la personne qu'ils cherchaient.

Luc Maurice n'y était pas et tout ce qu'on lui a dit, c'est que le poste était à lui.

— La première année, je suis resté dans ma bulle. J'ai réalisé un montage financier... plutôt deux.

— Un ou deux?

— Deux montages financiers qui englobent les dix premiers complexes résidentiels et les quinze prochains.

— Vingt-cinq? Vous allez vraiment en construire vingt-cinq?

— La compagnie est en pleine croissance et elle va continuer à croître durant les prochaines années. On en est à l'étape de la consolidation et de la rationalisation.

J'ai eu peur qu'il se mette à devenir trop technique, mais il m'a ménagé un peu.

Jacques Pearson, en compagnie de la charmante réceptionniste du groupe Maurice.

— Il nous faut trouver un équilibre entre le rendement et la satisfaction de notre clientèle, mais Judith – la v.-p. aux ressources humaines – a dû te le dire.

Le marché des résidences pour personnes âgées est en plein essor. Le groupe Maurice a le plus haut taux d'occupation de l'industrie... mais il est condamné à innover, à former son personnel sur le tas et à définir son propre modèle d'opération.

— Te rends-tu compte que, pour diriger un de nos complexes résidentiels, il faut s'y connaître en restauration, en hébergement, en conditionnement physique, en soins infirmiers, en récréologie, en conciergerie d'immeubles, en relations humaines et, par dessus tout, connaître les goûts et les besoins des personnes âgées elles-mêmes...

JUDITH ALLARD
Vice-présidente - Ressources humaines

Elle est arrivée au groupe Maurice en 2007, c'est-à-dire il y a un peu plus d'un an.

— J'ai pris mon expérience chez Dominion Star et chez Provigo, en relations de travail et en développement des compétences.

Elle travaillait chez Vidéotron quand elle a rencontré Luc Maurice pour la première fois.

— C'était une rencontre informelle. Il cherchait des locaux pour un projet quelconque...

Au cours des douze années qui ont précédé son arrivée au groupe Maurice, elle a accompagné sa mère dans la maladie d'Alzheimer. Elle l'a aidée à déménager trois fois. Elle l'a «placée» dans un CHSLD public, où elle a reçu des soins appropriés.

— À la fin, ma sœur et moi allions la voir tous les jours, à tour de rôle. Je suis devenue la mère de ma mère... Elle est morte à 94 ans et elle m'a laissée avec le souvenir d'une femme admirable qui voulait trois choses pour ses filles: «Je veux vous voir indépendantes, éduquées et bilingues.»

C'est en avril 2007 qu'à la recommandation d'une certaine Christine Côté, elle a eu son premier vrai meeting avec Luc Maurice.

— Il se cherchait une vice-présidente aux Relations humaines. Ça a tout de suite cliqué entre nous, mais ma mère était à l'agonie. Elle était sur la morphine, pour ne rien te cacher, et je n'ai pas donné suite à notre rencontre.

Un peu plus tard, Luc Maurice a engagé un chasseur de têtes à qui il a confié la mandat de lui dénicher un ou une v.-p. aux Relations humaines et il lui a refilé le nom de Judith Allard pour qu'il l'évalue en même temps que les autres.

— Le chasseur de tête m'a rencontrée à quelques reprises et c'est finalement ma candidature qu'il a retenue.

Son mandat est colossal. On lui a demandé rien de moins que d'accoucher d'un plan d'action et d'orientation... en quelques mois.

En exergue du plan qu'elle m'a montré et qui a été approuvé en avril 2007, il y a d'écrit:

2008
BÂTIR UNE ORGANISATION EFFICACE EN CONSERVANT SON ÂME...

Avec Luc Maurice et les autres v.-p., elle a commencé par définir la *mission* du groupe Maurice.

— Notre mission est d'offrir aux personnes retraitées des milieux de vie dynamiques et chaleureux qui favorisent la santé, la liberté, le respect, l'activité, la vie privée et le confort.

— Rien que ça?

— Tout ça.

Ils ont ensuite défini ce qu'ils appellent la *vision* du Groupe.

— Nous voulons être des spécialistes d'avant-garde en développement et en gestion de complexes d'habitations pour retraités, qui se distinguent par la qualité de leurs résidences, par les services qu'ils offrent et par les soins attentionnés que leurs employés prodiguent aux retraités.

— Ça m'a l'air un peu rhétorique...

— Ça nous a pris des semaines à accoucher de ces formules-là et je te jure que si je ne croyais pas sincèrement que le Groupe a cette vision-là, je ne resterais pas ici.

Ils ont enfin énuméré un certain nombre de *valeurs*, dont aucune n'est négociable.

— Tu vas encore me dire que c'est rhétorique, mais nous ne sommes pas des écrivains. Nous en avons retenu cinq en tout:

1. la passion des retraités;
2. l'action au quotidien;
3. le dépassement par la créativité et l'innovation;
4. la convivialité;
5. le travail d'équipe à tous les niveaux.

Judith Allard en pleine action.

Le Président et sa «troupe» ne chôment pas. Ils n'ont pas encore fermé un chantier de construction qu'ils en ouvrent aussitôt un autre...

Son travail à elle est bien plus pointu que cela. Rien qu'en 2008, le nombre d'employés du Groupe est passé de 543 à 757. Elle doit évaluer leurs performances, trouver des façons de les attirer, de les retenir et de les motiver.

Le plan qu'elle m'a montré est complexe et extraordinairement pointu. Il contient les objectifs opérationnels de la compagnie, les échéanciers, des indicateurs de réussite... et englobe le marketing, l'administration, les finances, etc.

— Ce n'est pas si compliqué que ça...

Elle avait dû remarquer que mes modestes engrenages commençaient à chauffer.

— Ma job, c'est de participer à l'optimisation de la bannière Signature[1], à l'amélioration et à la systématisation de l'entreprise, à la gestion de la croissance du Groupe, à la fidélisation de sa clientèle et de chercher à attirer, retenir et motiver nos employés.

Ouf!

Le président a les v.-p. qu'il mérite. C'est comme s'il avait les quatre as dans son jeu. Quatre as de cœur...

L'expertise du groupe Maurice lui vient des rapports privilégiés que le président lui-même et ses principaux collaborateurs entretiennent avec les aînés. Dans les faits, la plupart d'entre eux ont vécu collés sur leurs

---

1. Je reparlerai de Signature plus loin.

grands-parents. C'est probablement ce que les résidants sentent quand ils mettent le pied dans l'une ou l'autre des résidences du Groupe.

« Grandir sans perdre son âme... »

C'est le défi qui attend maintenant Luc Maurice, sa garde rapprochée et son groupe d'employés. Et s'il y a un Groupe capable d'y arriver, c'est bien celui-là.

Luc Maurice n'est jamais trop occupé pour passer à côté d'un tête-à-tête avec ses résidants.

DEUXIÈME PARTIE

Introduction

LE TOUR DU PROPRIÉTAIRE

Avant le 14 février 2008, je n'avais jamais encore mis les pieds dans une résidence pour personnes âgées. Ce jour-là, j'ai visité Ambiance, à l'Île-des-Sœurs.

Permettez que je vous raconte.

Ceux qui ont déjà pris l'avion pour une destination soleil se rappelleront du choc qu'on éprouve au moment où l'hôtesse de l'air ouvre la porte et que l'air chaud s'engouffre dans la carlingue. J'ai ressenti à peu près la même chose quand la réceptionniste a actionné le mécanisme d'ouverture de la porte d'entrée d'Ambiance. J'ai reçu en plein visage l'équivalent d'une décharge de verveine et de tilleul-menthe.

La réceptionniste était charmante. Tout le monde prenait le temps de répondre à mes questions.

Les aînés qui bavardaient dans le hall d'entrée étaient tellement plus détendus que ceux que j'avais l'habitude de rencontrer dans la rue que, pour un peu, j'aurais pu croire que j'étais tombé sur le tournage d'un film de Walt Disney.

Les allées étaient larges et même ceux et celles qui poussaient des marchettes avaient l'air confortables.

Il y avait du monde à la bibliothèque, dans la salle d'exercice, dans la piscine, au bistro, chez la coiffeuse, au dépanneur, à la pharmacie, au comptoir de la Caisse populaire et autour de la table de billard. Un vieux monsieur jouait du piano – je pense que c'était *Rhapsody in Blue* de George Gershwin, mais c'était peut-être quelque chose d'autre.

Je me suis assis à côté du piano et je les ai regardés aller et venir en faisant semblant de lire le journal que j'avais ramassé en entrant. J'avais l'impression d'être sur un bateau de croisière, à cette exception près que les résidants n'avaient pas l'air d'être des touristes.

Je n'ai abordé personne ce jour-là, mais je me rappelle avoir dit à mon éditeur que je vivrais là n'importe quand.

Le bistro d'Ambiance, à l'Île-des-Sœurs.

Un résidant se prélasse dans la piscine d'Ambiance.

— Il y a une terrasse sur le toit, une immense bibliothèque – il paraît que les résidants mettent leurs livres en commun –, un bistro, une salle d'entraînement, une piscine, un dépanneur, un comptoir bancaire, un salon de coiffure... Il y a aussi un récréologue qui les aide à organiser des activités, des tours guidés, tout ce que tu veux. Je lui ai parlé. Il paraît qu'il avait un Bed & Breakfast sur le Plateau. Il dit que les résidants ont entre 75 et 90 ans, qu'ils participent aux activités, qu'ils sont très loin d'être aussi fragiles qu'on le croit généralement, qu'ils sont actifs, autonomes et en bonne santé.

— Tu ne t'emballes pas un peu vite?

— Peut-être...

Je ne m'en doutais pas encore, mais j'étais loin d'en être à mon premier emballement.

LE TOUR DU PROPRIÉTAIRE

Du 15 mai au 15 octobre 2008, j'ai fait le tour du propriétaire. J'ai passé pas mal de temps dans tous les complexes résidentiels du groupe Maurice.

J'ai commencé par rencontrer tous les directeurs et tous les récréologues. C'est Caroline Crête, la directrice marketing de l'organisation, qui me les a présentés. Elle était avec moi quand j'ai rencontré la cinquantaine de retraités de tous âges que j'ai interviewés au cours du premier mois.

J'y suis ensuite retourné seul aussi souvent que j'ai pu et je me suis mêlé aux résidants. J'ai beaucoup parlé, beaucoup écouté et beaucoup regardé. J'ai dîné dans cinq salles à manger, j'ai lu des magazines dans des salons bibliothèques en écoutant sournoisement les conversations de mes voisins de fauteuil, j'ai dérangé des employés... J'ai visité des ateliers de peinture, des lieux de recueillement, j'ai assisté à des bingos, j'ai joué au billard avec une dame de 86 ans qui a empoché la huit dans le coin gauche en me regardant du coin de l'œil... J'ai lu tous les numéros du journal mensuel de chacune des résidences, je me suis laissé tirer la pipe par un homme de 99 ans...

J'ai remarqué qu'il y avait beaucoup de femmes seules et que les hommes étaient beaucoup moins visibles. Pour vous dire, j'ai demandé à un groupe d'une vingtaine de dames (au cours d'un café-rencontre) combien il y avait d'hommes dans leur résidence. La plupart m'ont répondu «trente, quarante, quarante-cinq...» Une audacieuse, qui avait remarqué que je riais dans ma barbe, a risqué un «soixante» pas plus convaincu que cela.

Quand je leur ai dit qu'ils étaient cent vingt, elles ne m'ont pas cru. Il a fallu que je leur dise que je tenais le chiffre de la directrice de la résidence elle-même.

J'ai été frappé par la délicatesse des rapports de couples. Je ne sais pas si c'est parce qu'ils sont ensemble depuis cinquante, cinquante-cinq ou soixante ans, si ce sont les épreuves qui les ont soudés l'un à l'autre ou encore si c'est parce qu'ils savent qu'ils vont mourir ensemble, mais j'ai l'impression que leur amour s'est bonifié avec le temps.

Je pourrais noircir encore vingt pages là-dessus, mais je m'arrête ici.

Je commence par vous emmener aux Résidences du Marché, à Sainte-Thérèse.

C'est un départ!

1

LES RÉSIDENCES DU MARCHÉ

Luc Maurice a conçu et réalisé son premier complexe résidentiel dans le Vieux-Sainte-Thérèse, sur la rue du Marché, là où était situé le marché public durant les années 1940. Il en a d'ailleurs été le premier directeur général.

Sa première employée s'appelait Lynda Boivin. C'est l'actuelle directrice. Elle n'a rien oublié de ses huit années à la résidence.

— Je suis arrivée ici il y a huit ans. J'ai commencé par accueillir nos clients potentiels dans un petit bureau de location que monsieur Maurice et moi avions établi dans un appartement, en face de la résidence. Mon rêve, c'était de m'impliquer dans un milieu où je pourrais entrer en relation d'aide avec les gens.

— Quelle sorte de satisfaction tirez-vous de votre travail?

— Mon travail de directrice est très gratifiant. Il me nourrit et me stimule.

Je lui ai demandé de me parler des résidants de la première heure.

— Ce sont nos doyens. Certains d'entre eux sont presque centenaires. Monsieur Turcot a 98 ans, mais notre vrai doyen s'appelle monsieur Dubois et il va bientôt avoir cent ans. Ils ne sont pas tous aussi âgés, mais je dirais que parmi les premiers venus, il en reste une quarantaine. Ils habitent ici depuis octobre 2002. Monsieur Maurice ne manque jamais une occasion de les remercier pour ce qu'ils ont fait pour lui. Il leur dit souvent qu'ils lui ont permis de réaliser son rêve...

Jeanne Larochelle, l'ex-infirmière de la résidence, en poste depuis l'ouverture elle aussi, a pris sa retraite en 2008. Elle n'a rien oublié non plus de ses huit années à la résidence. J'ai trouvé son mot d'adieu dans le numéro de juin 2008 de *L'Écho du Marché*. En voici un extrait.

> Il y a peu d'endroits où on peut travailler en pyjama, côtoyer Zorro et une Schtroumpfette, avoir un clown comme directrice et des pairs bizarroïdes. (...) Chacun d'entre vous me laisse un souvenir particulier. Je ne pourrai jamais oublier les sourires, les inquiétudes, les pleurs, les chants, les amitiés et l'amour que j'y ai connus. Je vous embrasse et vous serre bien fort dans mes bras. Je vous porterai toujours dans mon cœur.
>
> Jeanne LAROCHELLE

Ça se passe de commentaires, vous ne trouvez pas?

Le complexe a été construit en trois phases. En 2008, la salle à manger a été réaménagée, le salon a été agrandi et on y a ajouté un foyer, une salle d'activités, un bistro attenant au billard et une nouvelle piscine agrémentée d'un spa.

J'y ai rencontré des personnages qui mériteraient un livre à eux seuls. Une madame Ricard, qui s'est mariée à 46 ans et qui habitait la vieille maison dans laquelle sa mère était née.

— Un beau jour – c'est évidemment une manière de parler –, le feu a pris dans la maison. Mon mari et moi, on est allés vivre ailleurs. Nous l'avons fait reconstruire exactement comme elle était et nous sommes revenus nous y installer, mais il n'y avait plus d'âme dans la maison...

C'était une femme active, madame Ricard, et à 85 ans, elle l'est encore.

— On venait souvent à Sainte-Thérèse et la famille habitait dans le coin. Je voulais choisir ma dernière demeure moi-même, et puis mon mari avait mal à un

Le magnifique salon-bibliothèque au rez-de-chaussée des Résidences du Marché.

genou. Il n'avait plus tellement envie d'entretenir la maison.

J'ai ensuite rencontré le monsieur de 98 ans dont m'avait parlé Lynda Boivin.

— Je m'appelle Turcot. Mon grand-père était hôtelier. Ils ont donné son nom à l'échangeur Turcot...

Il a fait la trappe aux mouffettes, étudié au Collège de Farhnam et travaillé au Canadien Pacifique.

— J'ai été mécanicien d'automobiles durant quarante ans et j'ai eu cinq stations-services.

Il a été quatre ans dans l'Armée de l'air. Il a pris sa retraite à 57 ans, c'est-à-dire il y a 41 ans!

Sa femme a été victime de la maladie d'Alzheimer. Il lui avait trouvé une place dans une résidence, mais elle pleurait tous les jours. Alors, il l'a reprise avec lui et il s'en est occupé jusqu'à la fin, avec l'aide d'une auxiliaire du CLSC qui venait la voir une fois par semaine. Il a passé les 48 derniers jours de sa vie à l'hôpital, auprès d'elle.

Depuis quelque temps – rappelez-vous qu'il a 98 ans –, il fréquente une résidante...

— Je lui ai demandé si ça lui tentait de m'accompagner au restaurant. Elle a dit oui. On y va une fois par semaine...

Je n'ai pas osé lui demander ce que vous n'auriez pas osé lui demander non plus, mais je lui ai trouvé l'œil passablement luisant...

J'ai ensuite rencontré madame Gilberte qui m'a «ouvert ses livres» et j'ai entendu parler du départ de madame Rose. Je vous raconte...

Quoi de mieux pour célébrer la Saint-Valentin qu'un petit pas de valse avec son amoureuse... ou avec des amies.

Même si elles ne dansent pas, ces résidantes ont l'air de s'amuser ferme à cette fête de la Saint-Valentin. Serait-ce un couple de danseurs qui les fait rigoler ainsi?

L'HÉRITAGE DE MADAME GILBERTE

Madame Gilberte a 79 ans et une aura de battante qui se voit de loin. Elle a quelque chose de *La Vieille Dame indigne* de Bertolt Brecht et ceux qui ont vu le film savent que c'est un compliment.

— Attendez une minute...

Elle passe de la salle à manger à la chambre des maîtres et en ressort presque aussitôt avec une pile de cartables qu'elle dépose devant moi.

Elle ouvre le plus grand.

— J'écris un livre, vous savez...

Elle m'en lit de larges extraits. Il y est question de ses ancêtres ou des ancêtres en général. Je n'ai pas bien compris.

— C'est comme si l'écho de leurs voix me parvenait du fond des grosses malles fermées à clef qui traînent dans nos greniers. J'appelle ça des «sanctuaires oubliés». Je les entends chanter leurs misères... Je ne sais pas si vous me comprenez...

Je l'écoute avec attention, mais je ne peux pas m'empêcher de balayer l'appartement du regard. Accroché au mur de sa chambre, il y a un tableau qui représente deux personnages découpés sur fond bleu. Je l'interromps pour lui demander ce que c'est.

— C'est une toile que ma fille Carole a peinte il y a quelques années. Ça nous représente toutes les deux. Elle venait souvent ici.

— Vous en parlez au passé...

— On me l'a volée...

À travers ses larmes, elle me raconte que la maladie lui a fauché sa fille, sa complice, sa sœur, son amie... que c'est encore récent. Elle cherche sa boîte de papiers mouchoirs en s'excusant d'être aussi émotive. Je me demande si je ne devrais pas la laisser seule un moment, mais elle n'en a pas encore fini avec moi.

— À Noël, j'ai écrit une lettre à mes enfants et à mes petits-enfants. Je leur ai pondu une encyclique. Une famille, c'est une force, que je leur ai dit. M'entendez-vous? Une FORCE qu'il faut entretenir coûte que coûte. Je leur ai ordonné de ne pas la dilapider et je leur ai mis les points sur les «i».

Quand vous étiez petits, j'ai ralenti le pas pour que vous puissiez me suivre. Je vous ai essuyé la baboune quand vous recrachiez votre purée. Je vous ai soignés quand vous étiez malades. Maintenant, c'est à votre tour de m'attendre, de me donner le bras et de me donner des becs...

Souvenirs profonds imprimés
Dans un regard complice
Des états d'âme révélés
Avec beaucoup d'intensité...

Des moments de silence
Attardés sur les mémoires
D'une mère et sa fille
Qui se connaissent par cœur...

Gilberte Sirois

«Quand Carole, ma fille, a peint cette toile (qui est une reproduction), elle nous imaginait toutes les deux dans cet espace de vie questionnant le sens réel de notre passage sur terre.»

Carole est morte à l'âge de 55 ans, le 5 juillet 2005.

J'essaie de tout noter, mais je n'y arrive pas. On dirait une rivière en pleine débâcle.

— Je ne vous ai pas encore parlé de mon *Petit Bossu*...

Elle m'explique qu'elle est en train d'écrire une fable. Une vraie de vraie, avec une proposition, une résolution et une morale. On dirait un conte de Perrault. C'est en tout cas la première chose qui me vient à l'esprit quand elle commence à m'en lire des extraits.

Elle saute d'une page à l'autre, revient en arrière et repart en avant. J'aimerais qu'elle me laisse la lire. J'essaie de l'arrêter, mais je n'ai pas le temps de lever la main.

Elle ferme son cahier et entame un autre sujet.

— Vous savez comment sont les enfants! Ma petite-fille est si curieuse qu'il lui arrive de faire des choses...

Elle lève les yeux au ciel.

— Une fois, elle a décapité ses Barbie. Juste pour voir. Ça m'a fait plus de peine qu'à elle. Je me suis rendue chez Toys'R'Us, je me suis promenée dans les allées et j'ai tranquillement arraché toutes les têtes de Barbie que j'ai pu trouver pour les lui ramener. Et hop, dans mon sac à main!

En même temps qu'elle me mitraille d'histoires et d'anecdotes toutes plus intéressantes les unes que les autres, elle regarde souvent le tableau au-dessus de son lit et les larmes lui montent chaque fois aux yeux.

— On me l'a volée, vous savez...

Elle m'a raccompagné jusqu'à la porte. Elle m'a montré le petit jardinet qu'elle cultive en face de son appartement et m'a parlé d'un petit garçon qui habite de l'autre côté de la rue.

— Il vient me voir chaque fois qu'il a un petit bobo. Ils diront ce qu'ils voudront, mais personne ne sait consoler un petit garçon comme une grand-mère...

Je suis reparti le cœur léger. J'aime les gens intenses. J'ai recherché leur compagnie toute ma vie.

Je ne l'ai pas questionnée sur la maladie qui a fauché sa fille en pleine jeunesse, je ne lui ai pas demandé quand son *Petit Bossu* serait publié – je crois me rappeler qu'elle m'a dit qu'il le serait bientôt – et je n'ai pas pris le temps de lui dire à quel point elle m'avait impressionné.

Je l'ai embrassée sur les deux joues.

— Tenez...

Elle m'a remis une feuille. Je l'ai pliée et je l'ai glissée dans ma poche. C'était une page de notes personnelles sur l'art d'écrire.

> *Écrire, c'est se retirer de la vie pour se nicher*
> *dans la chaleur de son intimité...*
> *Écrire, c'est se vider de sa substance pour se refaire*
> *un intérieur plus transparent...*
> *Écrire, c'est consentir à l'imaginaire...*
> *Écrire...*

Longue vie, madame Gilberte.

LE DÉPART DE MADAME ROSE

À force de vivre ensemble et de partager les petits bonheurs et les petites misères de la retraite, on finit par s'attacher au monsieur de l'appartement X ou à la madame de l'appartement Y. On apprend à se connaître dans un contexte idéal. On mange, on assiste à des spectacles, on joue aux cartes, on suit des cours ensemble et on en vient à se faire des confidences. Vient un temps où l'on n'a plus rien à se cacher, où l'on se dit des choses qu'on ne dit même pas à ses propres enfants. On écoule des jours heureux en attendant le coup de sifflet qui annoncera la fin de la récréation...

Ce n'est jamais facile de dire à un résidant ou à une résidante que son état nécessite désormais des soins qu'on n'est plus en mesure de lui prodiguer.

En 2002, le médecin de madame Rose, ayant constaté que son état se dégrade de jour en jour, avise la directrice que le temps est venu de la transférer dans une institution où elle pourra finir ses jours dans la dignité.

La directrice n'a pas d'autre choix que de prendre le taureau par les cornes et d'apprendre la mauvaise nouvelle à madame Rose.

— Nous ne pouvons plus vous garder, madame Rose. Nous vous avons déniché un endroit où vous serez...

— Je ne veux pas partir.

— Vous avez besoin de soins spécifiques...

Mais elle ne veut rien entendre. Elle comprend ce qu'on lui dit, mais quitter le personnel infirmier de la résidence et les amis qu'elle s'y est faits est au-dessus de ses forces.

— S'il vous plaît, demandez à monsieur Maurice de me garder ici.

Étant lui-même un homme passionné à qui il n'est pas facile de faire entendre raison quand il s'est mis une idée dans la tête, Luc la comprend un peu, beaucoup. Il tente bien de la raisonner, mais son attachement à la résidence le touche profondément. Quand madame Rose termine sa plaidoirie, il lui prend la main, la regarde dans les yeux, et lui dit ce qu'elle veut entendre depuis qu'on lui a appris que son état a empiré.

— Vous pouvez rester, madame Rose. On va s'arranger. Le docteur Robert va nous aider...

Madame Rose a gardé son lit jusqu'à l'extrême limite de ses forces et le personnel infirmier de la résidence l'a aidée à se préparer à son ultime voyage.

Quand elle a senti que la fin était proche, elle a fait ses adieux à tout le monde et a demandé à voir « monsieur Maurice ».

— Je suis prête...

Elle est partie avec le sentiment d'avoir été respectée jusqu'au bout et de ne pas avoir été poussée vers la porte de sortie, et elle a laissé derrière elle un parfum de dignité qui n'est pas près de s'estomper.

Mieux encore, le départ de madame Rose a été l'élément déclencheur qui a incité Luc Maurice à aménager un certain nombre d'unités de soin dans ses nouveaux complexes. Merci, madame Rose.

2

LE NOTRE-DAME

Repentigny est certes l'une des plus vieilles villes de la grande région de Montréal. On l'a successivement surnommée Repentigny-les-Bains, à cause de la beauté de ses plages, Repentigny-les-Îles, à cause du chapelet de petites îles qui lui font face sur le fleuve, et le Petit Westmount de l'Est, à cause des maisons cossues que les notables et les commerçants du coin s'y faisaient construire.

Luc Maurice a vécu une partie de son adolescence à Repentigny. Il connaît bien la rue Notre-Dame. Quand il a réalisé que les retraités qui cherchaient une résidence devaient s'exiler à Montréal ou à Laval, il en a parlé à sa mère, qui vivait encore à Repentigny. Celle-ci lui a suggéré d'acheter un hôtel (l'hôtel Roger) qui était fermé depuis quelques anées. Elle estimait qu'il y avait plein de services à proximité.

Les négociations avec la famille Roger, propriétaire de l'hôtel, furent particulièrement difficiles, mais, à la fin, le groupe Maurice finit par acquérir le terrain. Les travaux de construction démarrèrent trois mois plus tard.

Les 291 appartements-services du Notre-Dame sont réservés à une clientèle autonome. La première phase (202 appartements) a été complétée en 2002 et la deuxième (89 appartements) en 2005.

En feuilletant *Le Notre-Dame*, le journal mensuel de la résidence du même nom, je suis tombé sur un acrostiche signé Lili Tremblay. Retenez bien ce nom.

      L ibéral à certains moments
      U tile quand c'est possible
      C hanteur de pomme et bon comédien

      M alléable quand ça lui dit
      A viateur retraité
      U n homme sensible
      R ésistant à toutes critiques
      I nfatiguable et aussi parlable
      C oquet avec les femmes
      E ntreprenant et persévérant

— J'ai lu votre acrostiche, madame Tremblay. Un peu *sweet and sour*, vous ne trouvez-pas?

— Vous viendrez dans mon appartement tantôt. J'vais vous donner une copie du vidéo du «bien cuit» que j'ai fait sur lui. Y est capable d'en prendre, le beau Luc...

Madame Liliane est tout un numéro. Elle s'est autoproclamée biographe officielle des résidants du Notre-Dame. Elle rencontre un résidant par mois et elle en ressort avec une biographie de quatre ou cinq pages qu'elle publie dans le journal du mois suivant. Ça ressemble à ce qui suit.

CONNAISSEZ-VOUS MADAME RONA?

Jacqueline Marsolais et son mari, Angelbert Prudhomme, ont acheté leur premier magasin de fer à Repentigny, en 1958. Ils agrandissent en 1974 et s'associent au groupe Rona en 1980. Angelbert meurt à 72 ans. Restée seule, madame Rona voyage et chante dans une chorale. Six ans après la mort de son mari, elle déménage au Notre-Dame où on la surnomme bientôt « la petite Barbie ».

Un autre extrait?

Comment résister à cette invitation à la détente...

Une visite chez les Tardif

Henri a étudié le grec et le latin en Grèce et en Turquie. À peu près à la même époque, Marie-Claire est infirmière dans un hôpital de brousse du Nigeria. Les deux se rencontrent par hasard à Drummondville et se marient à Québec. Trop âgés pour faire des enfants – ils ont 40 et 41 ans –, ils en adoptent deux, qui font leur bonheur, et voici qu'à 50 ans, Marie-Claire tombe enceinte...

Liliane Tremblay écrit encore que ce sont des globe trotters et qu'ensemble ou séparément, ils ont vu la France, la Belgique, la Hollande, l'Autriche, la Suisse, le Luxembourg, l'Italie, l'Ouest américain, l'Espagne, la Prahia Da Rocha, Saint-Pierre-et-Miquelon et tutti quanti.

J'ai lu des dizaines de ces mini biographies et je réalise jusqu'à quel point celui qui a écrit que «chaque vieillard qui meurt est une bibliothèque qui se consume» avait raison...

Un autre résidant m'a refilé ses petits trucs pour combattre la grippe.

— Les docteurs disent qu'y faut faire de l'*exercice*, manger des *fruits* et des *légumes*, prendre de l'*air*, éliminer le *stress* et se *reposer*. C'est ce que je fais. Je marche jusqu'à la SAQ – c'est mon *exercice* –, je mets de la lime dans ma Corona et une branche de céleri dans mon

Bloody Mary – j'ai mes *fruits* et mes *légumes* –, je sirote une bière sur la terrasse – donc je prends l'*air* –, je me soûle, je me raconte des histoires et je les ris tout seul – adieu le *stress* – et je tombe à terre quand je suis ivre mort. Le *repos* total.

Au fait, ils sont 352 au Notre-Dame. Ils sont autonomes et leur moyenne d'âge dépasse les 81 ans. Qui a dit qu'on s'ennuyait dans une résidence pour personnes âgées?

Je vous laisse avec une histoire qui en dit long sur l'âme du Notre-Dame...

Des musiciens marquent la cadence. Les résidants ont l'air d'apprécier...

Il n'y a pas de party digne de ce nom sans une bonne danse en ligne. Remarquez que ces résidantes ne semblent pas trop dérangées par l'absence de ces messieurs...

LE SOUPER AUX CHANDELLES

Pour leur avoir souvent posé la question directement, je suis sûr que la plupart des aînés n'aiment pas vivre seuls, pour toutes sortes de considérations. La première de toutes étant une sorte d'insécurité qui grandit avec l'âge.

Plusieurs d'entre eux ont peur. Peur des invasions de domiciles, peur d'être agressés dans la rue, peur de tomber et d'être incapables de se relever, peur des pannes d'électricité prolongées...

Ils ont envie de terminer leurs jours dans un milieu chaleureux, convivial, stimulant et sécuritaire, et quand ils le peuvent, ils n'attendent pas d'avoir perdu presque toute leur autonomie pour déménager dans une résidence de leur choix.

Je pourrais épiloguer longuement sur le bénéfice qu'il y a à vivre en résidence, mais j'ai plutôt envie de vous donner un exemple qui le démontre bien au-delà des mots.

Dix heures du matin. L'annonceur de la radio s'interrompt en plein milieu d'une phrase, la petite aiguille de l'horloge s'arrête entre deux chiffres et tous les voyants lumineux s'éteignent en même temps. Si ce n'est pas une panne d'électricité, ça en a tout l'air.

Si tôt le matin, ce n'est pas catastrophique. Il fait soleil et il n'y a qu'à ouvrir les rideaux pour éclairer l'intérieur des appartements et des maisons de ville. Si ça dure encore à midi, on se fera une salade et des viandes froides et si l'électricité ne revient pas avant dix-huit heures, on s'éclairera à la bougie.

Pour le chauffage, c'est évidemment un peu compliqué, mais du moment que la panne ne s'éternise pas... C'est quand elle dure que les problèmes commencent. En pareil cas, les personnes âgées vivant seules en souffrent encore plus que les autres. Étant plus vulnérables, elles sont naturellement plus fragiles. Pour celles qui vivent en résidence, l'expérience s'avère un peu moins traumatisante. À preuve ce fait vécu.

Il est dix heures du matin, donc, quand les lumières s'éteignent au Notre-Dame. Enfin, presque toutes... La génératrice éclaire tout de même un certain nombre d'espaces communs, mais il n'y a plus d'éclairage dans les appartements, à part quelques voyants lumineux ici et là.

La très dynamique directrice de la résidence ne fait ni une, ni deux. Elle réunit les résidants dans le hall principal et organise la résistance. Tout le monde met l'épaule à la roue. Les uns s'improvisent aide-cuisiniers, les autres veillent à ce que les personnes à mobilité réduite ne soient pas laissées-pour-compte.

Vers le milieu de l'après-midi, les porte-parole d'Hydro-Québec sont bien obligés de faire savoir à tous ceux qui assiègent leurs standards téléphoniques et aux journalistes qu'ils sont incapables de prévoir à quelle heure le courant sera rétabli.

La directrice prend alors une décision qui aura des suites. Elle convoque le personnel de la cuisine et un certain nombre de bénévoles et leur demande de préparer un souper aux chandelles.

— Ce soir, ce sera « spaghettis à volonté » pour tout le monde.

Le soir venu, les bénévoles montent les tables et disposent des centaines de chandelles un peu partout. Essayez seulement d'imaginer la scène... On dirait une grande réunion de famille. Pour un peu, on se croirait à Noël.

Vers dix-neuf heures, la directrice est avisée du fait que la panne est réparée et qu'elle peut demander à son concierge de remettre le courant, mais, constatant que « le fun est pris dans la cabane », elle décide de ne pas le dire aux résidants tout de suite et de laisser durer le plaisir.

C'est finalement trois heures plus tard qu'elle lèvera l'embargo sur la nouvelle et c'est tout juste si les joyeux convives ne seront pas un peu déçus de retourner à l'éclairage normal. Ce qui aurait pu être une journée d'inquiétude, de stress et d'anxiété s'est transformé en une sorte de fête de village et les avantages l'ont largement emporté sur les inconvénients.

Me croiriez-vous si je vous disais que tous les premiers vendredis du mois, la directrice coupe le courant dans la salle à manger et convie les résidants à un « spaghetti aux chandelles » bien arrosé...

3

LES VERRIÈRES DU GOLF

Les Verrières du Golf est un complexe résidentiel haut de gamme situé à Saint-Laurent, au cœur même de l'île de Montréal. Luc Maurice et son Groupe aiment tellement l'endroit qu'ils y ont établi leur bureau chef, au milieu des espaces verts, des plans d'eau, des squares, des sentiers pédestres et des pistes cyclables.

Le complexe dessert depuis 2003 une clientèle autonome (264 appartements-services) qui s'y est installée comme une colonie d'abeilles et qui a lentement forgé l'âme des Verrières.

Il y a un atelier de peinture au 318, on y pratique le yoga et le tai-chi, les résidants se voisinent, organisent des cinq à sept, s'invitent à dîner...

J'y ai rencontré Mamie... qui m'a tout l'air de connaître tous les résidants par leurs noms. Elle accueille les nouveaux arrivants.

— J'attends qu'ils soient une douzaine et je les invite à ma table. Quand y a un problème, c'est Mamie qui s'en occupe.

Elle est colorée... et si je vous répétais tout ce qu'elle m'a dit, vous rougiriez probablement. Il lui arrive même de reconduire un employé du groupe Maurice à son rendez-vous chez le médecin...

J'ai essayé d'arracher des confidences à Danielle, la responsable de la salle à manger. Elle est là depuis l'ouverture.

— Je viens d'apprendre que vous n'avez pas le droit d'accepter de pourboires. C'est vrai?

— C'est vrai.

— Vous devez être payée très cher...

— Comme une serveuse...

Elle a fini par me dire qu'elle avait suivi un cours... ou qu'elle avait beaucoup côtoyé les personnes âgées.

— Je suis bien avec mes résidants. On se connaît par cœur. C'est ma deuxième famille. Ils sont tellement chaleureux et ils en ont tellement vu... Une fois par année, ils nous préparent un repas gastronomique, pour nous remercier...

J'ai aussi bavardé avec une dame qui tenait à me dire que sa fille travaillait au CLSC.

— C'est confidentiel...

Elle sautait d'un sujet à l'autre.

— Ça m'arrive de me prendre un chum, mais il n'est pas question qu'il débarque chez moi avec sa brosse à dent et son baise-en-ville...

La salle à manger des Verrières du Golf, prête à recevoir ses résidants et leurs invités.

Si j'avais eu le temps, je me serais assis dans la grande salle et j'aurais écouté madame Thérèse me jouer des airs classiques. Elle joue du piano depuis des lustres et je me suis dit qu'elle devait avoir la touche...

— Je suis veuve depuis quatorze ans. Je me suis refait un compagnon, mais il est mort au bout de dix-huit mois. Je l'avais rencontré dans un ascenseur...

LETTRE OUVERTE À LUC MAURICE

Cette adresse à Luc Maurice a été publiée en décembre 2007, dans le 10e numéro du *Voici*, le journal des Verrières. C'est Lucie Gaudreault, une résidante qui collabore régulièrement au journal, qui l'a signée. J'en reproduis ici un extrait qui se passe de commentaires.

> Si je me permets de faire une comparaison avec les Verrières, je dirais qu'une âme s'est élaborée dans cet édifice qu'est notre maison. Avec le temps, dans le vécu au quotidien, un esprit distinctif a pris forme et est ce qu'il est aujourd'hui. Je voudrais vous citer un de mes propos dont vous vous souvenez peut-être et qui date des premières années. Je disais alors: «Les murs de cette maison vous appartiennent comme propriétaire, mais l'âme, le cœur, l'esprit, c'est nous et ça nous appartient.»
>
> Lucie Gaudreault

Je cherchais une façon d'exprimer cela... et j'espère qu'elle me pardonnera de lui avoir emprunté ses mots. Ils sont éloquents, comme le sont ceux de madame Jacqueline qui m'a gentiment remis les pendules à l'heure.

Prendre un p'tit coup, c'est agréable... Prendre un p'tit coup, c'est doux...

Luc Maurice et Pierre Richard participent à la fête. Ils n'ont pas l'air de s'ennuyer, ne trouvez-vous pas ?

LES TROIS DEUILS DE JACQUELINE

Jacqueline a 88 ans. Elle est vive comme un chat et j'exagère à peine. Avec Thérèse et May, deux de ses copines de la résidence, elle participe à la plupart des activités en plus d'écrire d'excellents articles dans le journal des Verrières.

Je viens de lui poser une question qu'elle juge, disons, un peu prématurée.

— L'adaptation, c'est une chose, mais il faut d'abord faire le deuil de sa vie d'avant. Mon mari et moi avions trois maisons. On passait six mois par année en Floride, deux mois dans notre résidence principale, à Hawkesbury, et quatre mois au chalet. Un beau matin, mon mari a pris son courage à deux mains. Il m'a avoué qu'il en avait assez de la Floride. Je pensais comme lui, mais entre le dire et fermer boutique, il y a une marge. Il nous a fallu faire le deuil de nos amis, renoncer aux palmiers, à la mer et au soleil, vendre à rabais des meubles auxquels nous étions attachés, jeter des tas de choses qui ne serviraient plus à rien et qui n'intéressaient personne d'autre que nous... Nous avions pris racine, en Floride. Alors, il a fallu que nous nous déracinions. Les adieux ont été déchirants et nous nous sommes souvent couchés en pleurant.

Elle se tenait bien droite, assise sur le bout de sa chaise, et elle était tout entière à son propos. Elle ne s'attardait pas aux détails inutiles.

— Nous nous sommes réinstallés à Hawkesbury, mais nous n'y avons plus retrouvé la vie que nous y avions vécue. Le décor était le même, mais la magie n'y était plus. Nous avons alors décidé de vendre notre maison... Ça nous a fait aussi mal que la première fois. Nous avons dit adieu aux amis qui nous restaient, nous avons revisité les lieux que nous avions cessé de fréquenter, par la force de l'habitude, nous avons jeté tous les petits objets que nous avions accumulés au fil du temps, nous avons donné quelques-uns de nos meubles à nos enfants et nous nous sommes débarrassés des autres... Il faut avoir vécu cela au moins une fois pour savoir à quel point c'est désolant. En quittant la maison dans laquelle nous avions élevé nos enfants, nous avons encore une fois pleuré et nous avons laissé Hawkesbury derrière nous avec l'impression que le passé était bel et bien mort.

Ils avaient gardé le chalet aussi longtemps qu'ils avaient pu, mais l'ennui les avait rattrapés et c'est la mort dans l'âme qu'ils avaient cassé maison pour la troisième fois de suite. Ils étaient repassés par la même gamme de sentiments.

Jacqueline a été la première à voir la lumière au bout du tunnel. En passant devant le chantier des Verrières du Golf, elle a lu ce qu'il y avait d'écrit sur les affiches et elle s'est dit qu'il était temps pour eux de lâcher prise et de s'installer dans un complexe résidentiel où ils se laisseraient gâter jusqu'à la fin de leurs jours.

Son mari s'est un peu fait tirer l'oreille, mais il s'est montré beau joueur.

— Ces trois deuils ont été bien plus difficiles que notre période d'adaptation aux Verrières. Nous avons retrouvé ici un milieu de vie chaleureux et convivial et nous sommes entourés de gens qui ont vécu les mêmes expériences que nous. Telle que vous me voyez aujourd'hui, je suis presque plus active que je l'étais avant. J'écris dans le journal, j'aide le récréologue...

Pour vous dire jusqu'à quel point elle s'est intégrée à sa nouvelle vie, je vous laisse avec le dernier menu que Jacqueline et ses amies ont préparé pour remercier la trentaine d'employés de la résidence des services qu'ils leur prodiguent toute l'année.

Bisque de fruits de mer
Poire aux parfums de l'été
Poulet à l'abricot
Bagatelle aux pommes et au caramel

4

LE CAVALIER

Quand elle avait déconseillé à Luc Maurice de construire un complexe résidentiel à l'Île-des-Sœurs en 1998 – «bonne idée, mauvais *timing*» –, Marie Michèle Del Balso, la vice-présidente aux affaires corporatives, lui avait également dit ceci:

— Si j'étais promoteur immobilier, la première résidence que je construirais serait située à LaSalle.

Elle est arrivée au groupe Maurice en 2003, durant la construction des Verrières du Golf. Faut-il s'étonner que dès l'année suivante, le quatrième complexe résidentiel du Groupe, Le Cavalier, ouvre ses portes au cœur même de LaSalle...

Une note, en passant. Contrairement à ce que leur nom pourraient laisser croire, les rapides de Lachine sont situés à LaSalle. Sous le Régime français, le cœur de la paroisse de Lachine était situé sur le territoire actuel de LaSalle. Les trappeurs du temps devaient faire du portage pour éviter les rapides. Ils empruntaient un sentier qui allait devenir le chemin LaSalle, puis le boulevard LaSalle.

C'est à l'endroit dit «la Grande Baie», juste en haut des rapides, qu'on a creusé l'entrée du canal de l'aqueduc de Montréal qui sépare aujourd'hui LaSalle en deux. C'est ici que se rencontraient, jusqu'en 1825, les voyageurs, les explorateurs et les Amérindiens.

Depuis les années 1950, la population de LaSalle a presque triplé, pour atteindre 74 000 âmes en 2005. La ville a été agglomérée au Grand Montréal en 2002.

La directrice de la résidence est une battante. C'est elle qui m'a présenté les deux centenaires dont il sera question un peu plus loin.

Dame Céline Martel a une façon bien à elle de gérer les situations potentiellement explosives. Elle a quelque

chose du bon roi Salomon, qui avait la réputation de rendre des jugements qui renvoyaient la balle aux parties. En voici deux exemples.

Elle avait remarqué que certains résidants n'étaient jamais contents des plats que le chef mettait sur la table d'hôte du midi. «Ma femme mettait des carottes dans son pâté chinois», disaient les uns, «les cigares au chou sont bons mais la sauce devrait être un peu plus relevée», disaient les autres, «y a trop de pâte de tomates dans la sauce à spaghetti», etc.

Dame Céline a eu la bonne idée de présenter les plus revendicateurs à son Chef et de voir s'il n'y aurait pas moyen d'«améliorer» certaines de ses recettes.

C'est ainsi qu'on a vu apparaître de nouveaux plats sur la table d'hôte :

Le poulet chasseur de madame Germaine [1]
Le pâté chinois de monsieur Jacques
Les côtelettes de porc à la façon de madame Lucie
La salade du chef de madame Henriette

Je ne sais pas ce que vous en pensez, mais je trouve, quant à moi, que c'est une merveilleuse façon de gérer la critique.

Autre exemple. Il n'y a pas d'unités de soins au Cavalier. Il y a du personnel infirmier disponible vingt-quatre heures sur vingt-quatre, un système de réponse d'urgence dans chacune des pièces de chacun des appartements, un système de sécurité haut de gamme... mais pas d'unité de soins à proprement parler.

Un matin, une des deux sœurs qui habitent un des appartements du Cavalier, fait un léger ACV. Elle est aussitôt conduite à l'hôpital où, heureusement pour elle et pour tous ceux qui l'aiment, elle reçoit des soins appropriés. Elle récupère rapidement et ne garde aucune séquelle, mais l'incident a sérieusement ébranlé la confiance de sa sœur, qui demande à voir la directrice.

— Nous allons quitter la résidence. Je vais nous trouver un endroit où il y a des unités de soins.

1. Exemples fictifs.

Elle était si décidée que dame Céline s'est immédiatement rendue à sa demande.

— Si vous voulez partir, je ne m'y opposerai pas...

Les deux sœurs aménagent dans une autre résidence où il y a une unité de soins et dame Céline n'entend plus parler d'elles jusqu'à la fin du mois suivant.

Un matin, elle reçoit un coup de fil.

— On s'ennuie d'vous autres, madame Céline. Le Cavalier, c'était chez nous...

— On a deux cents personnes sur notre liste d'attente... mais attendez une minute...

Il se libérait justement une place ce jour-là et dame Céline, qui n'est pas rancunière, les accueille à bras ouverts.

Je ne me prends pas pour Jean de Lafontaine, mais j'ai presque envie d'écrire qu'on ne peut pas faire son bonheur dans le nid d'un autre.

Monsieur Henri laisse courir ses doigts sur le clavier du magnifique piano du Cavalier...

C'est peut-être parce que je viens d'avoir 60 ans, mais j'ai tendance à moins remarquer les gens qui ont 75 ans que ceux qui en ont 85, 90, 95 et même plus. J'ai eu la chance de rencontrer deux presque centenaires au Cavalier.

LES DEUX CENTENAIRES

Quand j'ai su qu'il y en avait deux au Cavalier, j'ai été heureux qu'on ait songé à me les présenter ensemble. Deux centenaires à table, ça ne se refuse pas! J'avais préparé des questions, mais ils étaient si spontanés que je les ai laissés se raconter.

Monsieur Donat, qui est né le 24 septembre 1908, a gardé sa voiture jusqu'à l'âge vénérable de 97 ans. Sa vue a baissé et sa voix n'a ni l'éclat ni la force d'antan, mais il a encore bon pied, bon œil. Il joue au billard et il me faudrait une dizaine de pages pour vous dire ici tout ce qu'il m'a raconté durant la demi-heure qu'a duré notre entretien.

— J'ai été professeur de charleston, vous savez...
— Seriez-vous encore capable de le danser?

C'était une boutade, mais sa réponse m'a surpris.

— Je vais avoir cent ans cet automne. S'ils me font une fête, c'est sûr que je vais danser.

Madame Agnès est si vive, si alerte et si coquette qu'on ne lui donnerait pas plus de 75 ans. Elle aura pourtant cent ans le 29 décembre 2008. Elle dort jusqu'à dix heures le matin. Elle danse, aussi, et elle ne donne pas sa place quand la récréologue organise des activités.

Je lui ai demandé si elle avait un petit ami.

— Le dernier que j'ai eu, je l'avais rencontré dans l'ascenseur. On s'est revus à la salle à manger.
— Un coup de foudre?
— Loin de là.

— Un flirt?

— Même pas. À nos âges...

Ils m'ont impressionnés, mais ce n'est ni de leur vie, ni de leur forme physique, ni de leur vivacité d'esprit que je veux vous entretenir. J'ai bien davantage envie de vous parler de *leur* rencontre...

Je ne sais pas s'ils se doutaient qu'ils étaient *deux* «presque centenaires» au Cavalier. Ça doit être quelque chose de réaliser qu'on vit sous le même toit que quelqu'un qui, comme soi, a traversé presque tout le vingtième siècle... Ça doit être un peu comme rencontrer un autre Québécois chez les Papous, en Amazonie.

Mon regard allait de l'un à l'autre. Madame Agnès avait l'air vaguement amusée. J'aurais donné cher pour savoir ce qu'elle pensait.

Monsieur Donat, qui de son propre aveu a la vue un peu basse, ne regardait pas dans sa direction.

Je ne pouvais pas m'empêcher de penser qu'ils étaient encore au berceau quand les premières voitures sont sorties des usines de montage d'Henry Ford, qu'ils avaient vu le monde se transformer comme jamais, qu'ils avaient survécu à la grippe espagnole, à la Première Guerre mondiale, à la Crise des années 1930, à la Seconde Guerre mondiale, à la Guerre froide et à la Guerre de Corée... qu'ils avaient vu Armstrong marcher sur la lune, qu'ils avaient probablement lu *Les insolences du frère Untel*, qu'ils étaient passés du journal à la radio, de la radio à la télévision, de la télévision à internet... qu'ils avaient vu les avions de Ben Laden percuter les deux tours du World Trade Center...

En sortant, monsieur Donat est passé tout près de madame Agnès. Il a enfin pu la voir de près et il n'a pas pu s'empêcher de remarquer qu'elle était jolie.

Elle a souri.

Je les ai regardés remonter l'allée centrale de la résidence. Elle a pris son bras et ils ont marché côte à côte, en jasant comme de vieux complices.

Je les avais rencontrés le 5 juin 2008. Je suis retourné au Cavalier en novembre 2008. Dame Céline m'a alors montré une photographie prise le 20 septembre, c'est-à-dire le jour de la célébration de l'anniversaire de monsieur Donat.

Le centenaire a embrassé toutes les dames et a insisté pour asseoir la belle Agnès sur ses genoux. La photo existe, mais madame Agnès a défendu à dame Céline de la montrer à quiconque.

— J'ai presque cent ans, ça ne ferait pas sérieux...

Monsieur Donat et madame Agnès, le 20 septembre 2008. Qui a écrit que c'est à trente ans que les femmes sont belles?

LES AMIES DE MADAME GRENIER

Madame Grenier est un petit bout de femme de 83 ans. Elle est arrivée il y a quatre ans, avec son mari. Comme la plupart des retraités, ils en avaient subitement eu assez d'entretenir la maison, de tondre le gazon, de réparer ce qui avait besoin de l'être...

Ils s'étaient mis en quête d'une résidence «tous services», un endroit accueillant, convivial et chaleureux, un milieu de vie dans lequel ils pourraient jouir tranquillement de leur retraite.

Ils avaient abouti au Cavalier.

— Monsieur Maurice nous a dit: «Je veux que vous vous sentiez chez vous ici.»

La «transplantation» n'avait pas été facile. Casser maison est une expérience traumatisante. Il faut dire adieu à plein de choses, se débarrasser de toutes sortes d'objets familiers, renoncer à ses habitudes, tourner le dos à son passé, se refaire des racines...

Mais le jeu en avait valu la chandelle et, loin de regretter leur choix, ils s'étaient mis à refleurir.

Dans leur vie d'avant, ils avaient fait partie de l'Association des Artistes de ville Lasalle. Chaque année, ils exposaient leurs toiles au centre Lemieux. Ils ne vivaient pas de leur art, mais ils trouvaient, dans les tableaux qu'ils peignaient, un exutoire à tout ce qui ne pouvait s'exprimer ni ailleurs, ni autrement.

Peu de temps après leur arrivée au Cavalier, il leur était venu à l'idée d'enseigner les rudiments de la peinture eux résidants que la chose intéressait. Le récréologue les avait encouragés à le faire et leurs cours de peinture étaient bientôt devenus extrêmement populaires. Certains résidants peignaient des fruits, des fleurs et des paysages, mais la plupart optaient pour des représentations plus abstraites. Tout cela avait duré trois ans, jusqu'à la mort de Monsieur...

Perdre son conjoint de toujours est le dernier des déracinements. C'est comme si on vous arrachait une partie de vous-même, comme si le sol se dérobait sous vos pieds.

Heureusement pour madame Grenier, elle s'était faite de grandes amies au Cavalier. Des amies qui l'avaient consolée, bichonnée et accompagnée dans son deuil.

— Mon mari était un bon danseur et quand le récréologue organisait une soirée spéciale, nous étions les premiers à sauter sur la piste de danse. J'ai perdu en même temps mon inspiration, mon partenaire de danse, mon meilleur ami et mon compagnon de vie...

Elle avait bien essayé de se laisser aller un peu, mais ses amies ne l'avaient pas lâchée d'une semelle. Les femmes d'ici sont comme ça. Quand l'une d'entre elles a de la peine, elles se mettent à plusieurs pour la sortir de là. Elles l'emmènent chez le coiffeur, lui font ses petits plats préférés, lui achètent des chocolats belges...

— Quand la fin du mois est arrivée, mes amies m'ont dit de me faire belle et de me préparer pour le bal du samedi soir.

— Avez-vous suivi leur conseil?

Elle me sourit.

— J'pense que si j'avais pas fini par accepter, elles m'auraient traînée de force sur la piste de danse...

Le soir venu, elle était descendue avec les autres.

— J'dansais un bout d'temps, pis je r'montais dans ma chambre, Mes amies me laissaient pleurer un quart d'heure, puis elles venaient me chercher. Je r'tournais danser tant que j'pouvais, je r'montais dans ma chambre, mes amies me laissaient pleurer encore cinq, dix minutes, puis elles revenaient me chercher. Ça a duré comme ça toute la soirée.

Quand je l'ai rencontrée, elle avait recommencé à enseigner la peinture. Elle avait fait son deuil et elle avait l'air aussi sereine que possible. Je me suis surpris à penser que si rien ne comble jamais tout à fait le vide que laisse en soi la perte d'un être cher, la présence, l'empathie et la générosité de ses amis est peut-être la seule chose qui soit susceptible de donner un sens au reste de sa vie.

D'après vous, lequel de ces deux résidants du Cavalier a gagné la partie? Monsieur Marcel ou Madame Mariette?

Madame Mariette a tenu à me dire qu'ils ne sont pas en couple...

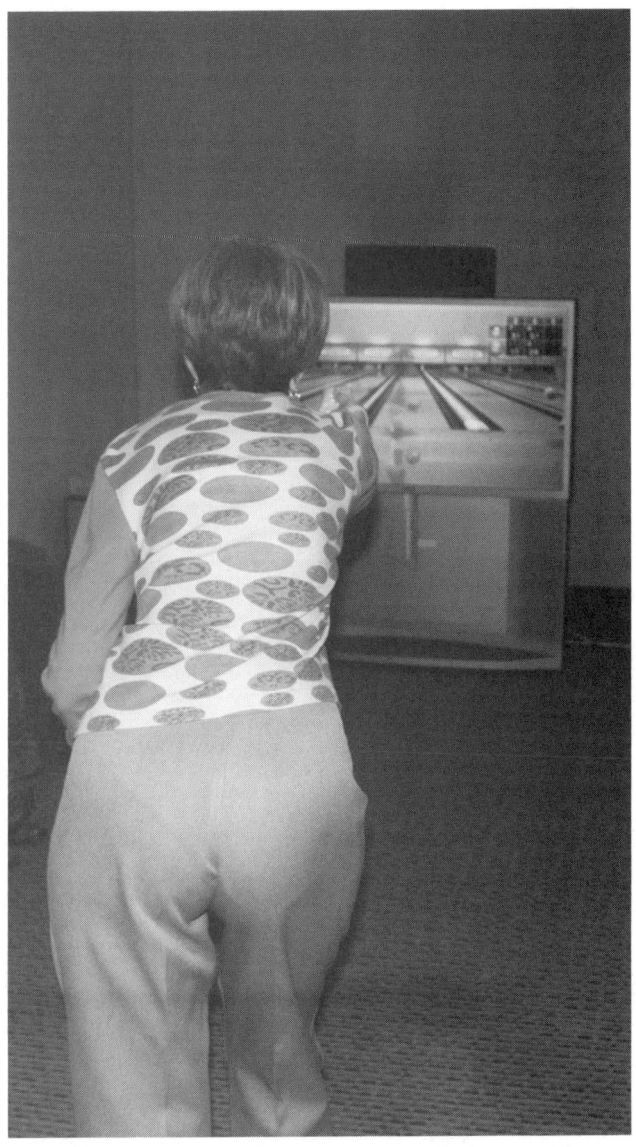

Cette résidante joue aux quilles... sur la console Wii de la résidence Le Cavalier.

5

AMBIANCE

Ambiance est un complexe résidentiel de huit étages situé à l'entrée de l'Île-des-Sœurs, à quelques pas d'un centre commercial et juste à côté d'une piste cyclable qui ceinture l'île. À proximité, il y a des cafés, des restaurants, des boutiques, des marchés d'alimentation, des cliniques médicales et dentaires, un fleuriste, des agences de voyage, trois grandes banques, une Caisse populaire et plusieurs autres commerces.

Ambiance est le premier complexe du groupe Maurice à s'être doté d'unités de soins. Les Promenades du Parc (Longueuil) ont suivi. Vent de l'Ouest (en face de l'Île Bizard) a enchaîné. Même chose pour Élogia (rue Sherbrooke, en face des Pyramides olympiques), L'Image d'Outremont et Le Quartier Mont-Saint-Hilaire.

J'y ai rencontré monsieur Fitzgibbons. Il fait partie du comité du journal de la résidence et du comité social. Il a l'habitude de s'impliquer et il n'hésite pas à prendre fait et cause pour ce qu'il estime être le bon droit des résidants.

La veille, un résidant m'avait dit de lui que c'était un homme de convictions.

— Dans l'immeuble à condos où il habitait avant de venir ici, il donnait une voix à ceux qui n'osaient pas revendiquer leurs droits. Il ne faut pas lui marcher sur les pieds...

En jasant avec lui, j'ai ressenti qu'il avait beaucoup d'empathie pour les autres résidants. À vrai dire, je l'ai trouvé très sympathique et passablement humble.

Le récréologue d'Ambiance s'appelle Eddie. Quand je l'ai rencontré, il n'était en poste que depuis quelques mois. Je lui ai demandé de me parler de lui.

— Je tenais un Bed & Breakfast sur le Plateau Mont-Royal.

Un petit aperçu d'un des appartements d'Ambiance.

Quand j'ai voulu savoir si sa période d'adaptation avait été difficile, il m'a raconté l'anecdote qui suit.

— Une fois, j'ai figé devant une résidante de 86 ans en fauteuil roulant. Je la regardais s'approcher de moi et j'éprouvais une sorte de malaise. Ça devait paraître parce qu'elle m'a apostrophé. « Si vous avez peur de ça, je peux vous garantir que vous n'êtes pas au bout de vos peines... » J'ai attrapé mon air, mais ça s'est arrangé la semaine suivante, durant une soirée dansante. Je l'ai aperçue à l'autre bout de la pièce. Je me suis approché d'elle et je l'ai invitée à danser. Mon adaptation était faite.

Il m'a fait part d'une autre observation, que j'ai trouvée particulièrement éclairante.

— J'ai visité quelques-unes des autres résidences du groupe Maurice et j'ai réalisé qu'elles étaient différentes les unes des autres. Vraiment différentes. Rien à voir avec les chaînes de résidences qui poussent partout. On dirait des gros Holiday Inn... Tu vas rire, mais j'trouve que les complexes de monsieur Maurice sont de gros Bed & Breakfast. Je ne sais pas si tu me comprends...

Je n'ai rien répondu sur le coup mais, réflexion faite, je sais exactement ce qu'il veut dire.

Parmi les rencontres que j'ai faites à Ambiance, il y a celle de monsieur Valmyre qui m'a raconté une histoire qui m'a beaucoup touché et celle de madame Dupuis-Leman qui, à 86 ans, continue d'écrire des livres.

Chuuuttt... Ne déconcentrez pas monsieur Lachapelle. Il est sur le point de tenter une traverse au centre...

MADAME DUPUIS-LEMAN

La dame que j'ai devant moi est toute menue. C'est une géante, pourtant. Elle a 88 ans et m'avoue candidement qu'elle a laissé ses filles lui choisir sa résidence.

Elle a écrit un livre qu'elle a publié chez Stanké, il y a plusieurs années. Elle l'a posé devant elle et tapote nerveusement sur la «première de couverture», comme on dit dans le métier. Il s'agit de la saga familiale et commerciale de la famille Dupuis, les propriétaires du grand magasin Dupuis Frères, qui fut jusqu'à sa fermeture un des grands magasins familiaux les plus en vue au Québec. Il était situé à l'endroit qu'occupe aujourd'hui la Place Dupuis, à l'angle de la rue Saint-Hubert et de la rue Sainte-Catherine.

Je l'ai lu il y a quelques années, avec énormément d'intérêt. Je lui dis tout le bien que j'en pense et je lui confie qu'il aurait mérité une bien meilleure diffusion. C'est un de mes amis qui me l'a fait découvrir et, sans lui, je ne suis pas sûr que j'en aurais même jamais entendu parler.

— À l'époque où il a été publié, mon éditeur éprouvait certaines difficultés. La mise en place a été insuffisante.

Réalisant que j'ai, sans le vouloir, mis le doigt sur le bobo, je passe à la question suivante.

— Avez-vous d'autres projets de livres sur la table?

Je m'attends à ce qu'elle me réponde qu'elle fait de l'aquaforme, du jardinage, de la broderie, qu'elle relit ses grands classiques... Elle a 88 ans après tout.

— Je me suis fait un cercle d'amies. Nous prenons régulièrement le thé et nous nous recevons les unes les autres, mais je n'ai pas beaucoup de temps pour les mondanités, vous savez... Ces temps-ci, je collabore à un projet de livre de recettes et je travaille au manuscrit d'un ouvrage plus personnel, disons...

— Un livre de recettes?

— Mon petit-fils est cuisinier à New York. Il a son petit restaurant dans «la Grosse Pomme», comme on dit. Il a beaucoup de succès.

Elle a l'air plutôt fière de lui, mais on dirait que quelque chose la chicote.

— Il a eu l'idée d'ajouter sa recette de poutine personnelle à sa table d'hôte du midi.

— Ça marche?

— Ça marche tellement qu'il m'a demandé de lui trouver d'autres recettes typiquement québécoises.

— D'autres recettes de poutine?

— Non, non...

— Des recettes de guédilles? De galvaudes? De gibelottes?

— C'est un secret... Et puis, ce n'est pas tout de trouver une recette. Encore faut-il trouver la bonne. Il y a des variations quasi infinies sur le thème de la poutine, par exemple. Il faut en plus retracer sa petite histoire, la situer géographiquement et dans le temps... Lui donner ses lettres de noblesse, en somme.

Je ne me risque pas de lui parler du manuscrit sur lequel elle planche. Les auteurs n'aiment pas trop parler de leur bébé avant l'accouchement.

Qu'elle soit encore active à son âge n'est pas ce qui me surprend le plus. Pour avoir vécu de l'intérieur et avoir survécu à la formidable aventure de Dupuis Frères – sa naissance, son développement, son rayonnement et son déclin – et pour avoir documenté tout cela dans son beau livre, il faut qu'elle soit forte.

Ce qui me frappe, en la regardant et en l'écoutant parler, c'est que la télévision, qui se cherche pourtant des sujets, ne se montre pas plus empressée à inviter les gens de sa génération à prendre part au débat public.

Pour les gens de l'est et du centre-sud de Montréal et pour ceux des régions, Dupuis Frères était une institution, au même titre que Archambault Musique, Omer de Serres, Bombardier, Télé-Métropole, *La Presse*, *Montréal Matin* et les autres.

> Dans cet ouvrage, nous assistons à l'émergence d'une nouvelle bourgeoisie canadienne-française, à ses luttes pour se positionner parmi les puissants marchands anglais, à l'ascension de gestionnaires, enfin au malheureux déclin de l'entreprise et à l'anéantissement des efforts de plusieurs générations.
>
> (Extrait de la quatrième de couverture de son livre *Dupuis Frères, le magasin du peuple : plus d'un siècle de fierté québécoise.*)

Madame Josette est en bonne santé, mais elle n'est pas éternelle. Personne ne l'est. Quand elle disparaîtra, c'est tout un pan de notre histoire qui disparaîtra avec elle.

LA BÉNÉDICTION DE RITA

J'étais en retard. Quand je suis arrivé, monsieur Valmyre, un résidant de 84 ans, jouait du piano dans le hall de la résidence. Un air que je ne connaissais pas. Ça ressemblait un peu à du Michel Legrand, mais c'était peut-être du Gershwin. La musique lui coulait entre les doigts comme du sable fin.

— Il y a longtemps que vous jouez du piano?

— Il y avait un piano à la maison. Le clavier m'arrivait à la hauteur des yeux. Je regardais les doigts de ma mère courir sur les notes. Ça a commencé comme ça.

— C'était quoi, l'air que vous jouiez quand je suis arrivé?

— C'était n'importe quoi. J'improvise tout l'temps... J'ai vu le R-100, vous savez? C'était le plus gros dirigeable que l'homme ait jamais construit. Plus gros qu'un zeppelin, même. Il y avait un piano à bord et une centaine de passagers...

J'ai des questions à lui poser, mais il ne m'en laisse pas le temps.

— Il faut que je vous dise que je suis athée. Ma compagne Rita l'était aussi et ce n'est pas parce que nous n'avons pas cherché Dieu... J'ai lu Teilhard de Chardin d'un couvert à l'autre. J'ai passé un peu de temps chez les presbytériens. Le pasteur de Verdun dit que je suis son athée préféré...

Je le ramène à l'ordre.

— En êtes-vous à votre première résidence pour retraités?

— Rita et moi, on a vendu l'an dernier. On s'est tout de suite mis à la recherche d'un complexe résidentiel «tous services inclus».

Ils avaient lu des tas de prospectus dans des magazines spécialisés et quelques numéros de la revue *Le Bel Âge*. Ils avaient visité quelques résidences avant d'aboutir à Ambiance où ils s'étaient immédiatement sentis chez eux.

Ils ne le savent pas encore, mais le destin s'apprête à leur jouer un sale tour.

La journée même où ils sont prêts à réserver leur place, le médecin de Rita lui apprend une épouvantable nouvelle. Elle souffre de leucémie. Il lui reste trois mois à vivre. Le genre de nouvelle qui vous assomme aussi sûrement qu'un coup de poing en plein front.

— Voulez-vous vraiment que je rentre là-dedans?

Il n'attend pas que je lui réponde. Il prend une grande respiration et cale son verre d'eau d'un trait.

— Je ne sais pas si vous allez comprendre, mais les trois mois qui ont précédé la mort de Rita ont été les plus extraordinaires de toute mon existence. Elle était sereine. Elle n'avait pas peur de la mort. Elle était tellement plus brave que moi, plus raisonnable... Nous avons beaucoup pleuré et beaucoup ri. Nous nous sommes avoué tous nos petits secrets, enfin presque tous... Nous nous sommes tenu la main jusqu'à la fin et quand c'était trop dur, nous nous serrions dans nos bras. Une semaine avant sa mort, elle m'a simplement dit qu'il était temps que j'emménage dans ma nouvelle résidence.

Il me regardait droit dans les yeux, comme pour s'assurer de l'exacte résonance de chacun de ses mots.

— Elle est venue ici en fauteuil roulant. Elle a visité mon appartement. «Tu vas être bien ici...» Je l'ai descendue à la salle à manger. Elle tenait à voir la cafétéria avant de me donner sa bénédiction. Puis, je l'ai ramenée à l'hôpital. Elle est morte le surlendemain. Ça s'est passé comme ça. Je n'étais pas là quand elle est partie. Je suis arrivé une heure trop tard.

Il a baissé les yeux et j'ai bien cru qu'il allait se mettre à pleurer.

— J'ai senti un grand vide en moi. J'aurais donné ma vie pour qu'on lui rende la sienne. Une amie m'a alors prêté un livre qui m'a fait un bien énorme, vous n'avez pas idée jusqu'à quel point. J'ai oublié le titre. C'était quelque chose comme *Vivre son deuil*. Ce n'était pas le livre du siècle, mais l'auteur y posait une question qui m'a secoué: «Si vous aviez le pouvoir de ramener à la vie celui ou celle que vous avez perdu(e), le feriez-vous?» J'y ai pensé un peu et j'ai naturellement répondu oui. Il me semble que c'est la chose à répondre, non?

Je me demandais où il voulait en venir, mais il ne m'a pas fait languir trop longtemps.

— Figurez-vous que je me trompais. Selon l'auteur du livre, ramener ma Rita à la vie l'aurait condamnée à mourir une deuxième fois et personne ne mérite ça. Ça m'a aidé à accepter sa mort.

Ce jour-là, il a décidé qu'il vivrait désormais une journée à la fois, comme les Alcooliques Anonymes, et qu'il essaierait d'être une source de joie et de réconfort pour les autres. Il s'est acheté des livres de philosophie qui l'aident à donner un sens à ce qui lui reste de vie et il joue du piano, pour redonner aux autres un peu de ce qu'il a reçu.

— Ces derniers temps, je passe beaucoup de temps à jaser avec une jeune résidante de 57 ans. Elle a la sclérose en plaques, mais c'est elle qui me remonte le moral. Je pense que Rita l'aurait aimée.

6

LES PROMENADES DU PARC

Le complexe résidentiel Les Promenades du Parc a été construit en 2006. Son originalité réside dans le fait qu'on y propose trois types d'habitations: 126 condos-services, 212 appartements-services et 116 studios-soins.

Le concept est si novateur qu'en 2007, l'IDU (Institut de développement urbain du Québec) a fait du groupe Maurice le grand gagnant du prix d'excellence, dans la section Complexe résidentiel innovateur.

Réussir à faire cohabiter des propriétaires et des locataires autonomes avec des personnes en perte d'autonomie cognitive et physique est quelque chose en soi...

Les quatre étages d'habitations sont répartis autour d'un vaste édifice de forme octogonale où sont concentrés les services et activités communautaires du complexe. On y trouve en outre deux allées de quilles, un mini golf et un sentier piétonnier long d'un kilomètre.

Le complexe est situé tout près d'un terrain de golf (Le Parcours du Cerf), d'un centre commercial, d'un centre hospitalier, des transports en commun et de plusieurs autres services. Le parc régional de Longueuil commence de l'autre côté de la rue.

Le bistro-dépanneur des Promenades du Parc. Tout ça a l'air bien appétissant...

Six cents personnes y habitent en permanence et constituent, selon Jean-Guy Longpré, le président du journal de la résidence, un microcosme de la classe moyenne.

J'y ai rencontré madame Simard – on la surnomme le «camelot» de la résidence. Elle piaffait presque d'impatience en attendant que Pierre Richard l'emmène faire le tour de moto qu'il lui avait promis.
— Ça vous inquiète pas un peu?
— Je vais m'accrocher après lui. Je fais déjà du ski de fond, c'est pas une ballade en moto qui va me faire peur...

En passant près de la table de billard, j'ai entendu un des joueurs appeler un coup que je connais bien (je suis un bon joueur de billard).

— La sept, trois bandes au *side*.

Je me suis approché. C'est un coup difficile et je voulais savoir si le joueur qui l'avait appelé empocherait sa boule.

Il l'a ratée de justesse, mais ce n'était évidemment «pas de sa faute». Il n'a pas hésité à pointer le joueur qui était à sa gauche.

— T'as bougé pendant que j'm'enlignais. J'vas reprendre mon coup.

— Tu r'prendras rien pantoute. Combine au coin, la quatorze par la onze...

— J'mets un protêt sur la partie...

À quatre, ils devaient avoir 320 ans... et ils se disputaient encore comme des gamins. J'aurais aimé prendre mon tour, mais j'étais le sixième sur la liste d'attente...

J'ai rencontré monsieur et madame Séguin.

— On a 77 ans tous les deux, m'a dit madame Séguin. Avant de venir ici, on a vécu sept ans dans une autre résidence. On a emménagé aux Promenades pour sept bonnes raisons.

— Il y a beaucoup de sept dans votre histoire, madame Séguin...

Ça l'a fait sourire. Elle était coquine et elle parlait pour deux. Monsieur Séguin m'est apparu un peu plus effacé, mais c'est parce que madame l'avait à l'œil...

Je l'ai revu un peu plus tard, à la cafétéria où j'étais attablé avec Annie, l'hyperactive récréologue des Promenades.

— Êtes-vous en train de chanter la pomme à Annie?

C'était un autre homme. Il parlait haut et fort et sa bonne humeur était contagieuse...

Monsieur Longpré, le président du journal de la résidence et le Grand Maître de la Confrérie des Épistoliers devant l'Éternel (voir *Les insolences de monsieur Longpré*, à la page 65), m'a dit l'autre jour que ses collègues du journal et lui avaient demandé aux résidants de leur adresser des textes, rimés ou en prose.

— Tu devrais voir les beaux textes qu'on nous a envoyés. Y a des auteurs extraordinaires ici, des gens de 90 ans qui écrivent des textes bouleversants. On organise une grande réunion en janvier prochain. Je vais t'envoyer une invitation...

Les résidants des Promenades du Parc ont eux aussi le cœur à la fête. Mais que vient donc de dire cet homme déguisé en sœur pour provoquer un tel éclat de rire?

Luc Maurice était de la fête. S'il a fait le tour de toutes les tables, il a dû veiller tard...

Vivement l'hiver!

LA MÉLODIE DU BONHEUR

Luc Maurice est clair là-dessus: «Nos complexes résidentiels sont conçus comme autant de petits villages, et un village, on sait que ça marche quand les villageois en prennent possession.»

Les villageois des Promenades du Parc sont si actifs, si enjoués et si entreprenants qu'on a peine à s'imaginer qu'ils vivent dans un complexe résidentiel pour retraités.

La première fois que j'y suis allé, la chorale de la résidence répétait *La mélodie du bonheur*. La maîtresse de chorale et la pianiste accordaient leurs flûtes, si j'ose dire.

J'ai réussi à arracher une confidence à l'une des deux musiciennes, mais je lui ai promis que je ne vous dirais pas laquelle.

— À la fin du spectacle, il va y avoir un mariage...
— Un vrai?
— Je vous en ai déjà trop dit.

À un moment, je me suis approché d'un quatuor qui jouait une partie de billard à quelques mètres de la chorale. J'ai entendu celui qui venait «d'empocher la neuf au coin en passant par deux bandes», chuchoter quelque chose à son partenaire. Ça m'a fait sourire et, sans trop m'en rendre compte, je me suis rapproché de la chorale.

Là, j'ai entendu une soprano dire à sa voisine de droite «qu'y devraient leur donner chacun une boule, comme ça y arrêteraient de se chicaner» et une autre siffler entre ses dents «qu'y devraient jouer avec des boules de feutre», avant d'éclater de rire.

Maintenant que je vous ai dit cela, je me sens assez à l'aise pour moucharder mon joueur de billard.

— Ça piaille comme des corneilles, pis ça voudrait qu'on marche sur la pointe des pieds...

Un vrai village, vous dis-je.

Le programme d'activités est si chargé qu'on se croirait chez les Gaulois. C'est à croire qu'ils sont tous tombés dans la potion magique. Tous ceux à qui j'ai demandé de m'expliquer le phénomène m'ont parlé de la vitalité des gens de Longueuil et d'Annie.

Pour avoir rencontré quelques-uns et quelques-unes des récréologues du groupe Maurice, je sais à quel point ils ratissent large. Ils incitent les résidants à s'entraîner et ils les encouragent à participer à la vie communautaire. Ils fournissent des moyens aux amateurs d'art, ils organisent des spectacles, des tours guidés, des soirées thématiques, des démonstrations de Wii, des cafés-rencontres, des soirées de bingo...

Tous ceux qui m'ont parlé d'Annie ont souligné la formidable énergie qui émane de sa frêle personne.

Pour en avoir le cœur net, j'ai demandé à la voir. Ça n'a pas été facile... Tout le monde l'avait vue «il y a dix minutes» ou bien savaient «où elle serait dans quinze», mais personne n'était en mesure de me dire où elle était, là, tout de suite.

Je l'ai croisée à quelques reprises, mais j'ai eu du mal à lui mettre le grappin dessus. Elle était à peu près aussi insaisissable qu'une anguille dans un pot d'huile.

J'ai fini par la coincer à la cafétéria. L'entretien a duré une vingtaine de minutes durant lesquelles il m'a été donné de mesurer son dévouement envers les aînés et de la cuisiner sur ce qui la fait courir...

Si j'ai bien compris ce qu'elle essayait de me dire en même temps qu'elle saluait tous ceux qui passaient à sa portée, la relation privilégiée qu'elle avait entretenue avec sa grand-mère était à la base de son engagement. Elle la vénérait presque.

Avant de prendre congé, elle m'a emmené dans son minuscule bureau. Elle m'a parlé de son métier avec une telle passion que j'en ai oublié de prendre des notes. Durant les cinq minutes qu'a duré cette partie de notre entretien, elle a eu le temps de me refiler deux T-shirts et une paire de billets pour *La mélodie du bonheur*, puis elle m'a conduit dans une salle attenante où une dizaine de résidantes exposaient des œuvres artisanales qu'elles vendaient au soutien d'une œuvre de charité.

Et moi qui croyais qu'on emménageait dans une résidence pour personnes âgées pour se reposer...

7

LES JARDINS DU CAMPANILE

«Les Jardins du Campanile» donne sur une forêt traversée par un ruisseau, à quelques pas du Centre hospitalier régional de la Mauricie. Les résidants y sont un peu plus jeunes que ceux des autres complexes du Groupe.

Luc Maurice l'a conçu en collaboration avec François et Lyne Maurier.

J'y ai rencontré une cinquantaine de résidants, seuls ou en groupes. Je me suis retrouvé au centre d'une réunion très animée et j'ai été à même de constater que les gens de Shawinigan sont de bons «débatteurs d'idées».

Je cède la parole à madame Françoise.

— J'étais sûre que je finirais mes jours dans la maison que mon père m'avait léguée. Je m'y sentais bien. Je m'occupais tranquillement de mon jardin et l'automne, je regardais les feuilles tomber... Un jour, j'ai été braquée à domicile... et deux fois plutôt qu'une, monsieur Paquin. La première fois, ils ont tout cassé, mais ils ne m'ont pas fait de mal. La deuxième fois, ils m'ont bardassée. C'était la première fois de ma vie que j'étais agressée. Je ne l'ai pas pris.

Elle ne déserta pas immédiatement la maison de son père, mais le cœur n'y était plus. C'était comme si les fantômes de ses braqueurs étaient restés.

— Je ne me sentais plus chez nous... Quand j'ai entendu parler du Campanile, j'ai tout de suite pris rendez-vous.

Quand on lui a parlé de la surveillance par caméras, du système de contrôle d'accès avec clé à puce électronique, de la mécanique des appels d'urgence et de la présence de personnel infirmier 24 heures par jour, elle a compris que sa sécurité n'avait pas de prix et elle a immédiatement signé son bail.

Il y a d'autres avantages à vivre dans une résidence du groupe Maurice...

J'attendais Aline et Marcel (voir *Aline et Marcel*, à la page 206) au pied de l'escalier en regardant un couple se balancer sur la terrasse quand j'ai remarqué qu'il y avait une bonne douzaine de barbecues dans la cour. Je n'en avais encore jamais vu dans les résidences que j'avais visitées.

J'ai piqué une pointe du côté du bureau de la directrice – elle s'appelle Hélène Trépanier.

— Les barbecues, ça appartient à des résidants en particulier ou c'est pour tout le monde?

— C'est pour tout le monde. On se fait des grillades...

Vivement la retraite!

* * *

Parmi les résidants du Campanile que j'ai rencontrés, il y a encore Gilles et Monique, qui m'ont donné un cours de relations de couple dont vous me donnerez des nouvelles, et Aline et Marcel qui pourraient en remontrer à Roméo et Juliette...

Édith Butler, aux Jardins du Campanile.

Un groupe de résidantes, au bord de la piscine.

GILLES ET MONIQUE

Il a 77 ans, elle en a 72. Ils ont tous les deux bon pied, bon œil. Ils sont plus qu'heureux dans leur maison familiale et s'il n'y avait pas l'entrée de garage à déneiger, les marches de l'escalier à déblayer, la cheminée à faire ramoner, le gazon à tondre en été, l'entretien de la maison et du terrain et les imprévus de toutes sortes, ce serait le bonheur total.

Comme c'est souvent le cas, c'est Madame qui prend les devants. Elle se dit qu'elle ne va pas passer les dernières belles années qui lui restent à entretenir sa grande maison et à regarder son mari s'éreinter à arracher les mauvaises herbes.

Un matin, elle lit dans le journal que le groupe Maurice est en train de construire une résidence pour retraités à Shawinigan et ça lui donne des idées. Elle en parle à son mari qui réagit «en homme», comme elle dit.

— Si tu penses, Fifille, qu'on va aller s'enfermer à l'hospice, tu rêves en couleur! J'ai pas envie de revivre mes années de collège.

Dans les semaines qui suivent, Monique visite le chantier du Campanile en cachette. De son côté, Gilles achète le dernier numéro du *Bel Âge* et le lit d'«un couvert à l'autre», en cachette, lui aussi... Il connaît sa Monique par cœur. Elle ne lâchera pas le morceau facilement. Autant se préparer au pire.

Monique se dit qu'ils ont intérêt à choisir leur nouveau «chez eux» pendant qu'ils sont assez en forme pour en jouir pleinement et que les résidences d'aujourd'hui n'ont plus rien à voir avec les foyers pour personnes âgées d'autrefois, qui accueillaient surtout les personnes très très âgées.

De son côté, Gilles réalise que la résidence que construit le groupe Maurice ne menace aucunement son autonomie, mais il se garde une petite inquiétude. «C'est un pensez-y-bien», qu'il se dit.

Chacun cache encore son jeu, mais au fond, ils sont plutôt d'accord.

Un peu avant Noël, et sans le dire à personne, Gilles participe à une réunion d'information organisée par les promoteurs des Jardins du Campanile. Il pose des questions, expose ses craintes et cherche la petite bête.

En rentrant, il abat une partie de son jeu.

— J't'en ai pas parlé, Fifille, mais j'ai participé à une séance d'information du groupe Maurice.

— Ah, bon?

Elle jubile, mais elle n'en laisse rien paraître. Rusée comme elle l'est, elle a déjà compris que Gilles est sur le point de céder, mais elle ne veut surtout pas le brusquer.

Désireuse de mettre toutes les chances de son côté, elle appelle les enfants en renfort. Elle n'a pas trop de mal à les rallier à sa cause.

Subtils comme le sont les enfants quand ils essaient de vendre quelque chose à leurs parents, ils attaquent le père de plein front.

— J'pensais à ça, papa... Ça t'tenterait pas de te louer un appartement-services dans une bonne résidence?

Le père voit venir son fils avec ses gros sabots. Monique et lui se sont parlés. Ce n'est pas évident; c'est *très* évident.

C'est bientôt au tour de sa fille d'échapper une remarque qui se veut anodine:

— T'aimerais pas ça, vivre dans une résidence pour personnes âgées?

Monique et les enfants ne s'en doutent pas, mais il y a déjà un bout de temps qu'il a pris sa décision. Même que s'il n'en tenait qu'à lui, il signerait son bail n'importe quel jour de la semaine, mais il a envie de les laisser mariner un peu...

C'est finalement le 6 janvier 2006 qu'ils signent le fameux bail. Ils font le tour de l'appartement ensemble. Gilles joue les réticents, Monique fait comme si elle était moyennement intéressée et les enfants font semblant de rien.

À la fin de la visite, Monique dit:

— On va y penser...

Mais c'est Gilles qui enfonce le dernier clou.

— Comment ça, «on va y penser?» Ça fait assez longtemps qu'on y pense. Amenez-moi le bail. On signe.

Quand je les ai rencontrés, il y avait plus d'un an qu'ils avaient emménagé aux Jardins du Campanile. Monique était aux oiseaux.

— J'avais toujours rêvé de faire du bénévolat. Il y a plein de choses à faire ici. J'aide la récréologue à organiser son programme d'activités, elle est malade ces temps-ci... Si je m'aperçois que quelqu'un a de la misère à communiquer avec les autres, je vais au-devant. La vie sociale dont j'ai toujours rêvé, je l'ai trouvée ici, à 72 ans... Vous vous rendez compte?

Gilles n'était pas moins enthousiaste.

— Ce que j'ai découvert ici, c'est un nouveau mode de vie, aux antipodes de ce que j'avais imaginé. Pas plus tard qu'hier, on était une quinzaine de gars dans la grande salle. J'ai fait de la trappe dans le temps. J'ai posé des collets, construit des caches et installé des pièges. Le sujet est venu sur la table... La conversation a levé... Ils se sont mis à me poser des questions et je leur ai refilé tous mes trucs de trappeur. On est restés là des heures à jaser comme si on était dans le bois. La prochaine fois, ça va être le tour d'un autre. C'est pas mal mieux que de rester assis devant la télévision à regarder le Canal D, ça, monsieur...

En partant, je leur ai demandé s'ils s'ennuyaient de leur maison.

— Avoir su, on se serait décidés avant.

— Exagère pas, Fifille...

— J'exagère pas.

— On est arrivés le jour de l'ouverture...

— Tu sais c'que j'veux dire.

Je les ai regardés s'éloigner. Ils avaient l'air de deux vieux complices. Monique a tourné à gauche, Gilles à droite. Je me suis demandé s'ils dîneraient dans la salle à manger ou dans leur appartement ce soir-là, puis je me suis dit que le lieu ne changerait rien à l'affaire. De toutes façons, ils auraient plein de choses à se raconter.

S'il existe quelque chose comme une vie rêvée, ça doit être celle-là.

ALINE ET MARCEL

Marcel a 89 ans, mais il ne les fait vraiment pas. À le voir, à l'entendre parler et à le regarder monter et descendre les marches de l'escalier, on ne lui en donnerait pas plus de 70. Il vient de recevoir la médaille du Lieutenant-gouverneur du Québec pour l'ensemble de son œuvre de bénévole.

— Quelqu'un a soumis ma candidature au comité de sélection, mais pas moyen de savoir qui c'est...

— Ça vous chicote?

— Un peu...

Il a l'air timide et sûr de lui en même temps.

Marcel a une nombreuse descendance. Son fils est grand-père depuis une vingtaine d'années. Sa compagne de toujours s'appelle Aline et elle a les yeux de Rita Hayworth. Ils s'aiment depuis si longtemps qu'ils ne s'imaginent plus vivre l'un sans l'autre.

— La fête des pères s'en vient...

Il tenait à me dire qu'à la fête des pères, ils seraient vingt-deux à le fêter.

Il y a quatre ans, le ciel lui est tombé sur la tête. Avec un groupe de vétérans de la Seconde Guerre mondiale, Aline et lui s'étaient rendus en France, à l'invitation du gouvernement Chirac, qui voulait les honorer pour avoir combattu Hitler et Mussolini aux côtés des Alliés... dans une autre vie.

Dans l'autobus qui les emmène à l'Arc de Triomphe, où la réception aura lieu, Marcel et Aline regardent les Parisiens monter et descendre les Champs-Élysées en courant presque et j'imagine que ça les fait sourire, eux qui ont désormais tout leur temps.

Jusqu'ici tout va bien.

La cérémonie protocolaire se déroule sans anicroches. Le vin est excellent, la table est à la hauteur de la réputation des cuisiniers français et les discours sont émouvants.

Quelque part entre l'Arc de Triomphe et l'hôtel du Campanile, où ils sont descendus la veille, un des membres du groupe attrape un virus malfaisant qu'il refile bientôt à une vingtaine de ses compagnons. Violentes poussées de fièvre, nausées, frissons, crampes et gastro, tout y passe. Marcel évite la contamination de justesse, mais la belle Aline est touchée et met plusieurs jours à se rétablir. L'hôtel a bientôt l'air d'un dispensaire et Marcel, qui a du sang de bénévole dans les veines, joue les infirmiers jusqu'à la fin de son séjour.

De retour à Shawinigan, il aide Aline à descendre du taxi, règle la course et déverrouille la porte d'entrée de leur maison. Après avoir rentré les bagages, fait le tour du propriétaire et ramassé le courrier qui s'est accumulé durant leur absence, il remarque quelque chose d'étrange dans le comportement d'Aline. Elle tourne en rond dans la salle de séjour en regardant peureusement autour d'elle, comme si elle était perdue.

Ça n'a vraiment pas l'air d'aller.
— Où sommes-nous?
— Dis-moi pas que tu r'connais pas notre maison, Aline...
— C'est pas chez nous, ici.
— Viens t'asseoir, ma belle. Tu dois être un peu fatiguée.
— Où sommes-nous?

Elle s'impatiente presque. Ses yeux ont perdu de leur éclat. Marcel blâme naturellement le virus qu'elle a chopé à Paris et se dit qu'une bonne nuit de sommeil lui remettra les idées en place, mais il se trompe. La maladie d'Alzheimer vient d'entrer dans leur vie.

Aline ne comprend pas ce qui lui arrive. Un jour elle reconnaît sa maison, un autre jour elle ne la reconnaît plus. Les ombres du passé et celles du présent se confondent bientôt dans sa tête.

Marcel n'ose pas nommer la maladie. Il espère encore. Du moment qu'elle le reconnaît, lui. Il s'accroche à ce mince espoir aussi longtemps que possible, mais la fatalité finit par le rattraper.

Un beau matin, sans crier gare, la maladie marque un point de plus. Aline, la belle Aline, sa belle Aline ne le reconnaît plus.

Il me faudrait au moins dix pages pour dire ici la peine qu'il ressent à l'instant où il réalise que leur histoire est finie. Il n'y a plus de place pour lui dans le cœur de celle qu'il aime depuis toujours. La femme qui le regarde sans le voir a les yeux d'Aline, les mains d'Aline et le sourire d'Aline, mais ce n'est plus tout à fait elle.

Tout autre que lui déposerait les armes, mais il n'est pas fait de ce bois-là. Il décide plutôt de regarder l'ennemi en face. Il lit tout ce qui lui tombe sous la main, il s'informe et se promène d'un cabinet de médecin à l'autre, mais il lui faut bientôt se rendre à l'évidence: le mal est sans remède.

Elle a de plus en plus de difficulté à démêler le vrai du faux. Son cerveau lui joue des tours. Elle se souvient de choses qui ne lui sont jamais arrivées et elle oublie les événements de la veille.

Il se peut – c'est même probable – qu'elle le reconnaisse sans le reconnaître... Ses épisodes de pleine conscience sont de plus en plus rares et de plus en plus espacés. Elle conduit encore la petite auto rouge qu'elle s'est achetée il y a treize ou quatorze ans, mais il lui arrive de plus en plus souvent de perdre ses repères.

Son médecin traitant finit par lui interdire de conduire. Il le fait sans trop de ménagement, comme pour bien marquer la cassure.

— Vous n'êtes plus en état de conduire, madame Aline. Comprenez-vous? C'est fini pour vous, ma p'tite madame. Votre mari s'inquiète, vous savez...

En sortant, elle pique une crise. Une vraie. Elle pleure, elle crie, elle tape du pied.

Marcel ne l'a encore jamais vue comme ça.

Il prend alors une décision qu'il ne regrettera jamais. Il choisit de ne pas la bousculer et de ne plus jamais permettre à quiconque de la bousculer. Il n'a jamais abandonné un compagnon d'armes blessé sur un champ de bataille et ce n'est pas aujourd'hui qu'il va commencer.

— Les froids s'en viennent, Aline. Sais-tu ce qu'on va faire? On va acheter tout ce qu'y faut, pis on va toiletter ta p'tite voiture. On va la laver ben comme y faut pis la cirer jusqu'à ce qu'elle brille comme une neuve. On va lui faire passer l'hiver en d'dans. Tu la reprendras au printemps. Qu'est-ce que t'en penses? En attendant, j'vas te r'conduire partout, comme un chauffeur de limousine.

Il met deux ou trois jours à remplir sa promesse. Il s'y consacre à plein temps. Il frotte, astique et encaustique. À la fin, la petite auto rouge rutile comme une voiture de collection.

Avec le temps, Aline finit par s'habituer à la voir chaque fois qu'elle passe devant la porte vitrée du garage. Elle en oublie presque qu'elle ne la conduit plus et s'en détache sans trop s'en apercevoir.

Marcel est désormais le chauffeur privé et le majordome de la belle Aline. Il lui ouvre sa portière, lui décrit le paysage au fur et à mesure qu'il défile devant leurs yeux et répond patiemment à chacune de ses questions. Mais il a beau dire et beau faire, le mal progresse encore. Aline dépérit lentement et elle est de plus en plus misérable.

Pour la soulager un peu, les médecins lui prescrivent des médicaments de plus en plus forts qui l'engourdissent à tel point qu'elle passe le plus clair de son temps au lit.

Marcel vit désormais pour deux. Il s'occupe de Toupie, la petite chienne d'Aline. Il leur prépare tous leurs repas et envoie paître tous ceux qui lui conseillent de la «placer». Il se contentera de la regarder dormir jusqu'à la fin du monde s'il le faut, mais il ne la laissera jamais tomber.

Un beau jour, il décide de vendre leur maison et il se met en quête d'une résidence pour retraités. Il en visite quelques-unes avant d'aboutir aux Jardins du Campanile. Sur le coup, il ne remarque pas que la résidence porte le même nom que l'hôtel parisien dans lequel Aline a attrapé le fameux virus qui l'a clouée au lit à la fin de leur voyage.

Il entend désormais consacrer le plus de temps possible à la femme de sa vie. La présence d'une infirmière dans la résidence le rassure. Les employés et les autres résidants sont d'une amabilité qui le réconforte.

Un après-midi, il demande à voir le médecin. Il lui raconte tout, depuis le commencement: l'hôtel du Campanile, le virus, la petite auto rouge d'Aline... Il est si convaincant que le docteur ne peut s'empêcher de lui accorder toute son attention.

— Elle dort du matin jusqu'au soir, docteur. Elle est bourrée de pilules. Êtes-vous sûr et certain qu'il n'y a rien d'autre à faire? Et si on diminuait sa dose?

— Pensez un peu à vous, monsieur Marcel...

— C'est ce que je fais.

— C'est un pensez-y-bien. Si je vous la dégèle, il va falloir que vous vous occupiez d'elle à plein temps.

— Du temps, c'est tout c'qui m'reste, docteur.

— On ne sait pas non plus comment elle va réagir...

Durant les semaines qui suivent, le médecin diminue progressivement sa dose. Elle est «évaluée» sur une base hebdomadaire dans un Centre de jour de Shawinigan.

Le sevrage est un peu pénible, mais bon... Marcel est si patient que la condition générale d'Aline s'améliore et qu'elle retrouve peu à peu un minimum d'autonomie.

Il la promène aux quatre coins de la résidence. Il la présente à la récréologue, à la téléphoniste, au concierge, aux préposés, aux autres résidants, à tout le monde. Il répète le même manège jour après jour.

Marcel est si doux et si empathique qu'Aline réapprend à sourire. Ses yeux retrouvent progressivement leur éclat d'antan.

Et voilà qu'Aline devient un peu la coqueluche de la résidence. Ils sont si beaux à voir, lui dans son complet bien coupé, elle dans sa jolie robe, que tout le monde tombe sous le charme.

Un matin pas comme les autres, Aline recommence à faire le ménage de leur appartement, à leur cuisiner des petits plats et à promener Toupie. Elle est encore fragile, mais il est évident qu'il se passe quelque chose. Marcel n'ose pas encore espérer qu'elle le reconnaîtra un jour. Elle revient de si loin qu'il se contente désormais de ce que la vie lui apporte chaque jour.

Le miracle a pourtant lieu. Elle finit par le reconnaître. Ce que les médicaments n'ont pu faire à eux seuls, l'amour inconditionnel de Marcel et l'amitié désintéressée des employés et des résidants des Jardins du Campanile y parviennent. Un après-midi, elle réussit à se souvenir de la plupart des noms de ses enfants et de ses petits-enfants. Miracle? Je ne sais pas. Simple rémission? Je ne sais pas non plus. Je laisse la conclusion aux experts, s'il y en a une.

J'ignore absolument qui a soumis la candidature de Marcel au Comité de sélection qui lui a accordé la médaille du Lieutenant-gouverneur pour l'ensemble de son œuvre de bénévole, mais si le représentant de la reine au Québec récompensait aussi les grands amoureux, je lui écrirais cette courte lettre.

Honorable Pierre Duchesne,
lieutenant-gouverneur du Québec

Excellence,
Le Prince Charmant existe – je l'ai rencontré. Il a réveillé sa princesse endormie, à l'aube de sa 80ᵉ année, comme dans les contes de fées. Il s'appelle Marcel et il continuera de veiller sur elle jusqu'à ce que la mort les sépare. Alors, si vous aviez une médaille de trop...

R.P.

8

VENT DE L'OUEST

Vent de l'Ouest est situé à l'intersection de la rue Jacques-Bizard et du boulevard Gouin. C'est un complexe résidentiel intégré de 311 unités construit sur le modèle des Promenades du Parc, à Longueuil. Les trois bâtiments de trois étages regroupent 214 appartements-services, 60 condos-services et 37 unités destinées aux gens moins autonomes.

Un sentier pédestre relie Vent de l'Ouest à une épicerie, une clinique médicale, une pharmacie, une banque, un bureau de poste et plusieurs autres commerces.

La plupart des résidants viennent de l'Île-Bizard et de Sainte-Geneviève.

J'ai demandé à Marie Michèle Del Balso pourquoi le Groupe n'avait pas construit Vent de l'Ouest sur l'Île-Bizard.

— C'était d'abord une question de disponibilité de terrain, de visibilité et de proximité des services. Ça devait être la bonne décision puisque trois mois après l'ouverture, Vent de l'Ouest affichait complet.

Quand Johanne Leblond, la directrice, m'a parlé du *happy hour* de Vent de l'Ouest, j'ai failli recracher ma gorgée de café.

— Un *happy hour*?

Les résidants descendent à la salle à manger avec une bonne bouteille...

— Vous avez une SAQ?

— Ils ont leur réserve personnelle. Vous devriez les entendre rire...

J'ai tout de suite remarqué la grande bibliothèque qui s'étend dans l'immense salle commune. J'ai demandé à la récréologue – elle s'appelait Jessica – d'où venaient tous ces livres.

Un petit coin de la grande bibliothèque de Vent de l'Ouest.

— Les résidants qui le désirent mettent leur bibliothèque personnelle à la disposition des autres résidants. On a un monsieur, ici, qui est en train de monter tout un système de classification. On l'appelle «le bibliothécaire».

J'aurais aimé le rencontrer, mais il n'est pas trop porté sur les interviews.

Je ne sais pas ce que vous en pensez, mais je trouve que c'est une «chouette idée» (j'emprunte l'expression à la récréologue) de mettre les livres de tous les résidants en commun. Ça constitue une sorte de mémoire collective.

Mais trêve de poésie. Je ne vous ai pas encore parlé de l'insaisissable monsieur Méthot...

Je placotais avec un groupe de résidants quand son nom est venu sur la table.

— Vous devriez rencontrer monsieur Méthot.

— Qu'est-ce qu'il a de particulier?

— Tout le monde l'aime. Il sait tout faire. Si on ne l'avait pas...

— Il est où?

— C'est un grand timide. Vous devriez passer par sa femme...

Je le cherche depuis ce temps-là. Il a commencé par carrément refuser de me rencontrer. J'ai laissé des messages dans sa boîte téléphonique, mais ni lui ni sa femme ne m'ont rappelé.

La dernière fois que j'en ai reparlé à la résidante qui m'avait donné son nom, elle m'a simplement dit que je perdais mon temps.

— Il n'aime pas parler de lui. Quand il a quelque chose à faire, il le fait. C'est notre monsieur Méthot à nous. Oubliez-le, on va le garder pour nous autres.

Dommage.

S'il le voulait, il serait élu maire de Vent de l'Ouest par acclamation... À part Luc Maurice, je ne vois pas qui pourrait lui faire la lutte.

Je vous salue bien bas, monsieur Méthot. Je n'ai pas pu m'empêcher de parler de vous. Imaginez ce que ça aurait été si je vous avais rencontré...

* * *

J'ai aussi eu l'occasion d'échanger avec madame Irène, qui m'a avoué qu'elle avait l'impression d'être en vacances douze mois par année, et avec monsieur Lechasseur, qui joue du violon à l'étage des soins de Vent de l'Ouest et qui chante avec les personnes âgées en perte d'autonomie cognitive...

Gérald Tremblay, maire de Montréal, à Vent de l'Ouest.

M^{RS} PRAGMATIC

Madame Irène a 83 ans. C'est une anglophone, mais elle parle un français impeccable. Elle habitait Ottawa. Sa fille l'a convaincue de déménager ici. Il y a trente pour cent d'anglophones à Vent de l'Ouest et elle cherche continuellement le moyen de rapprocher les deux communautés. La cohabitation impose une certaine vigilance puisqu'en cette matière, on peut facilement heurter certaines sensibilités. Elle en est consciente et elle fait ce qu'elle peut.

— *I am a very pragmatic person, you know…* J'ai choisi cette résidence parce que je m'y sens comme sur un bateau de croisière. Il n'y a rien de sentimental là-dedans. Je suis en VACANCES, comprenez-vous?

Ma très pragmatique interlocutrice me glisse en même temps à l'oreille que sa fille, une écrivaine de grand talent, lui a écrit un très beau poème pour la fête des mères, et elle rougit comme une jeune communiante.

Je regarde son mari du coin de l'œil. Il s'appelle John et il a 91 ans. Je suis frappé par son extraordinaire ressemblance avec Charlie Chaplin dans *Monsieur Verdoux*, un film parlant qu'il a tourné vers la fin de sa carrière et dans lequel il incarne un tueur en série à la Landru.

— Il est légèrement atteint de la maladie d'Alzheimer, mais il est encore fonctionnel. Nous en parlons ouvertement.

— Vous voulez dire qu'il sait qu'il fait de l'Alzheimer?

— Vous n'avez qu'à le lui demander.

Je me tourne aussitôt vers lui et je perçois une sorte d'amusement dans son regard. Je me dis que s'il est absent à ce qui se passe, ça ne paraît pas du tout. J'ai l'impression que le grand Chaplin lui-même me regarde.

— Est-ce que ça vous fait peur de faire de l'Alzheimer?

J'aurais aimé formuler ma question autrement, mais c'est sorti comme ça.

Il se fend de son plus beau sourire.

— *I have served in the British Army, young man. Compared to that, Alzheimer is nothing. Trust me.*

En les quittant, je me moque gentiment d'elle.

— Êtes-vous sûre d'être aussi pragmatique que vous le dites? Vous ne seriez pas un peu romantique, par hasard? Vous devriez me faire parvenir le poème de votre fille...

Elle a encore rougi et elle m'a fait un petit signe qui avait l'air de vouloir dire qu'elle le ferait, mais je savais déjà qu'elle ne me l'enverrait pas. «Pragmatique» comme elle l'est, elle l'a probablement rangé dans un écrin quelconque.

En recopiant mes notes, je m'aperçois que j'ai observé que monsieur John lui faisait – avec raison, je crois – une telle confiance que je ne suis pas surpris qu'il soit capable de regarder la maladie en face.

«Elle est assez forte pour deux...»

LE VIOLON DE
MONSIEUR LECHASSEUR

— Vous habitiez où, avant d'emménager à Vent de l'Ouest?

Je parle à madame Lechasseur.

— À Pointe-Claire, pas loin de Richmond.

— Vous avez quel âge?

— J'ai 91 ans.

Ça veut dire qu'elle est née en 1917, un peu avant la fin de la Première Guerre mondiale.

— Et Monsieur?

— J'ai 86.

Je n'en reviens pas.

— C'est une amie qui nous a référés au groupe Maurice. On aurait dû venir ben avant...

Monsieur Lechasseur tient à rajouter que leur prof de fils et leur infirmière de fille approuvent leur choix à cent pour cent.

— Ça les rassure de nous savoir ici. On est en sécurité, y a des infirmières au deuxième...

Madame prend le relais.

— On s'tourne pas les pouces! On fait du Tai-chi, de l'aquaforme, j'rends des p'tits services à la récréologue pis mon mari joue un peu d'piano avec la dame de la chorale.

— J'pianote un peu, mais mon instrument, c'est le violon. J'en ai déjà eu un dans l'temps...

— C'est vrai. Y s'ennuyait d'son violon. Quand on s'en est aperçus, on s'est mis tous ensemble, pis on y en a acheté un beau...

— Quand ça adonne, je joue avec la pianiste de la chorale.

Le moins qu'on puisse dire, c'est qu'ils ne chôment pas.

— Vous jouez quoi, au juste?

— Des compositions de Monsieur Pointu...

— *Le reel d'la rivière*, enchaîne Madame.

— Des chansons, aussi.

— Quel genre de chansons?

— *Oh Danny Boy, Sous les ponts de Paris...*

La liste est longue.

— *When Irish Eyes Are Smiling, Plaisir d'amour...*

Je lui demande s'il lit la musique.

— J'aimerais ben ça, mais je suis pratiquement aveugle...

Madame m'explique qu'il est encore capable de reconnaître les gens, mais qu'il est incapable de lire quoi que ce soit, avec ou sans lunettes.

— Jouez-vous du violon dans votre appartement?

— Des fois... mais c'qui m'fait le plus de bien, c'est d'jouer à l'étage des soins.

Il m'explique qu'il lui arrive de faire de la musique pour les résidants atteints de la maladie d'Alzheimer.

— Vous leur jouez quoi, au juste?

— Je l'sais pas, moi... *Cerisiers roses et pommiers blancs, Partons la mer est belle...*

— Avez-vous l'impression que ça leur rappelle quelque chose?

— Vous devriez les entendre chanter...
— Ils se souviennent des paroles?
— Mieux que vous et moi, monsieur.

Amis partons sans bruit, la pêche sera bonne
La lune qui rayonne éclairera la nuit...

Je ferme les yeux un bref instant. Je les imagine...

Partons la mer est belle, embarquons-nous, pêcheurs,
Guidons notre nacelle, ramons avec ardeur...

Il me revient en tête que bien avant que le célèbre monsieur Alzheimer n'ait décrit la maladie, on disait de ceux qui en étaient atteints qu'ils étaient gâteux... C'est dire à quel point on se méprenait sur la nature de leur mal.

On n'en sait guère plus en 2008, même si les soins qu'on leur prodigue aujourd'hui sont de plus en plus pointus. Je suis très loin d'être un expert, mais pour les fins de ce livre, j'en ai rencontré plusieurs, assez pour pouvoir affirmer sans crainte de me tromper que la patience, l'affection et la simple chaleur humaine sont les compléments essentiels à tout programme de soins.

La directrice de l'unité de soins d'Ambiance, qui se prénomme Caroline, m'a expliqué un jour que les résidants en perte d'autonomie cognitive paraissent être sensibles à la musique.

— Plusieurs d'entre eux sont si pudiques et si angoissés qu'il est presque impossible de les amener à prendre leur bain... à moins de leur faire entendre de la musique. On dirait que ça les apaise.

Vu de cet angle-là, le violon de monsieur Lechasseur doit leur faire un bien énorme.

Quand Luc Maurice me parle de ses complexes résidentiels, il insiste chaque fois sur le bénéfice qu'il y a pour les aînés à vivre dans des milieux chaleureux et conviviaux, conçus comme autant de petits villages. Des rencontres comme celle que je viens de décrire seraient pratiquement impossibles dans un autre contexte.

Quand j'y repense, c'est comme s'il y avait une radio dans ma tête...

Je vois briller l'étoile qui guide les matelots...

9

ÉLOGIA

Élogia ressemble un peu à Ambiance. C'est le premier bâtiment de douze étages réalisé par le groupe Maurice. Il est situé juste en face du Village olympique et je ne compte plus le nombre de résidants qui m'ont dit qu'ils habitaient «juste en face des Pyramides» plutôt qu'à Élogia...

Le complexe se profile à l'intersection de la rue Sherbrooke et du boulevard l'Assomption. Deux des douze étages sont réservés aux résidants en perte d'autonomie cognitive et physique. L'architecture est chaleureuse et combine brique, pierre et bois du Pacifique. Un vaste salon-bibliothèque trône au douzième étage et le toit-terrasse offre une vue imprenable sur le fleuve et sur le Mont-Royal.

La dernière fois que j'y suis allé, un résidant m'a fait remarquer qu'Élogia avait été construit sur les ruines de Da Giovanni et du Lovers.

Ça m'a fait tout drôle...

Juste en face des Pyramides? En effet...

La directrice, Josée Labelle, m'a parlé d'une démonstration de Wii qui avait presque viré à la fête foraine... et ça m'a fait réaliser, une fois de plus, jusqu'à quel point on connaît mal les aînés.

C'est monsieur Lucien, le professeur d'art que je vous présenterai à la fin de ce chapitre, qui m'a parlé d'elle en premier. Il l'appelait «la p'tite madame dans la cabane».

— Dans les autres résidences que j'avais visitées, les agents de location étaient expéditifs. Ils ne faisaient pas de cas particuliers. Ma p'tite madame, elle, prenait le temps de m'écouter et de s'informer.

Elles étaient trois dans le bureau de location, mais il parlait d'Émilie. Je l'ai rencontrée. C'est une toute jeune fille, elle est jolie comme tout et elle est devenue l'adjointe de la directrice.

J'ai voulu savoir pourquoi elle avait choisi de travailler dans un complexe résidentiel pour retraités.

Ma question l'a surprise.

— J'adore ça. J'aime la compagnie des personnes âgées.

— Ça ne te déprime pas...

Elle m'a interrompu.

— Il y a une dizaine d'années, ma cousine et moi avons réalisé que nous connaissions peu notre grand-père. Notre grand-mère était plus expansive... Durant l'été, nous avons été invitées à l'anniversaire de grand-maman, à Victoriaville et nous avons eu l'idée de les filmer... Notre grand-père nous a beaucoup surprises. Il s'est mis à faire des *push-up*...

— Quel âge avait-il ?

— Il a 91 ans. Il devait donc avoir 80, 81 ans...

Son grand-père leur avait parlé de l'armée et il avait entonné deux ou trois chansons de régiment. Il leur avait aussi parlé de la première fois où il avait rencontré leur grand-mère...

C'est à partir de ce jour-là qu'elle avait réalisé qu'avant de former un couple, ses grands-parents s'étaient courtisés... qu'ils avaient eu des parents eux aussi...

— C'est peut-être pour ça que je me sens si bien ici. Les personnes âgées ont tellement de choses à raconter et tellement d'amour à donner...

Avant de vous parler de monsieur Lucien, vous me permettrez de vous présenter madame Germaine, avec qui j'ai pris une marche en face des Pyramides olympiques, en tenant la frétillante Mimi en laisse...

Noël à Élogia.

LES 400 COUPS DE MIMI

Elle s'apprêtait à sortir quand je l'ai rencontrée.
— Je prends trois marches par jour.
Il était midi et demi. Je lui ai proposé de l'accompagner.
— Vous me rejoindrez à la sortie du stationnement, m'a-t-elle dit.
J'ai tout juste eu le temps de lui demander son nom.
— Je m'appelle Germaine.

Je me demandais encore pourquoi elle m'avait donné rendez-vous à la sortie du stationnement quand elle est arrivée. Elle tenait en laisse une petite chienne terrier qui sautillait comme si elle avait été piquée par un bourdon.
Elle m'a expliqué qu'elle n'avait pas le droit de promener «Mimi» dans la résidence elle-même.
— Il y a des gens qui ont des allergies...
J'avais lu quelque part que les résidants avaient le droit d'avoir des animaux domestiques d'un poids maximum de dix livres. À vue de nez, la rondelette Mimi avait l'air d'en peser entre douze et quinze, disons...
Je le lui ai fait remarquer.
— Dites-le surtout pas à la directrice! Mimi pesait neuf livres et demie quand j'ai signé mon bail, mais elle est gourmande... J'essaye de la faire maigrir, mais elle passe son temps à quémander de la nourriture de table. Je vais demander au vétérinaire de m'aider.

— Elle a quel âge?

— Trois ans et demi.

J'ai essayé de lui caresser une oreille, mais elle s'est mise à grogner comme si je lui faisais peur.

— Elle a un sale caractère, m'a avoué Germaine avec un sourire attendri.

Elle s'est mise à me raconter les frasques de celle qu'elle appelait sa fille.

— Elle jappe chaque fois que j'ouvre la porte, elle mord les autres chiens, elle court après les écureuils, elle a peur des chaises roulantes...

J'ai essayé de la faire parler de sa vie à Élogia.

— Vous habitiez où, avant d'emménager ici?

— J'habitais sur Hochelaga. Mon mari est mort l'an dernier. Je n'ai pas d'enfants et j'ai trois grandes amies à Élogia. J'adore ça, ici...

En remontant la rue Sherbrooke, nous avons croisé une amie de Germaine. Elle avait une canne. Il a fallu que Germaine prenne Mimi dans ses bras.

— Mimi a peur de la canne de Gisèle. Elle la mordrait si je la laissais faire.

Je les ai laissées sur le coin d'une rue. Avant de partir, madame Germaine m'a adressé un large sourire.

— Si vous écrivez quelque chose, dites qu'elle me tient en forme.

Voilà qui est fait, madame Germaine.

Nota bene

Je lui ai passé un coup de fil avant d'envoyer mon manuscrit chez l'imprimeur.

— Comment va Mimi?

— Elle a perdu quatre livres. Elle est super belle. Elle a meilleur caractère, aussi...

J'ai pensé que vous aimeriez le savoir.

LE PROFESSEUR D'ART

Monsieur Lucien a plus de 80 ans. Dire qu'il a l'œil vif serait trop peu dire. Il a des yeux de peintre et le regard d'un homme à qui on ne doit pas en passer beaucoup. C'est peut-être l'air du Lac-Saint-Jean, où il a longtemps enseigné.

Quand son épouse est morte, il a déménagé ses meubles, ses tableaux et ses livres à Montréal et il s'est acheté un condo près du Stade olympique. L'idée première était de se rapprocher de la «capitale culturelle» et de trouver une nouvelle source d'inspiration pour peindre.

Actif de nature, il se met bien vite à faire du bénévolat.

— Un universitaire est censé rendre quelque chose à la société de laquelle il est issu...

Un matin, il remarque un nouveau chantier sur la rue Sherbrooke. Le groupe Maurice construit un complexe résidentiel de douze étages, en face des Pyramides olympiques, pour retraités autonomes, semi-autonomes et en perte d'autonomie. Il n'y a pas encore de bureau des ventes sur le site, alors il note le numéro de téléphone et se promet d'aller aux nouvelles.

À ce stade-ci de sa vie, il a le goût de se gâter un peu et de jouir de sa retraite dans un milieu de vie sécuritaire et stimulant. La présence d'un personnel infirmier qualifié l'aidera à dormir sur ses deux oreilles. Il se dit que le meilleur moment pour choisir ce qu'il espère être sa dernière résidence, c'est maintenant, pendant qu'il est en bonne forme.

À l'ouverture du bureau des ventes, il est «le premier en avant». Il est accueilli par deux jeunes filles qui lui font jouer le DVD de présentation de la résidence et qui ne font pas de flas-flas.

— Elles n'ont pas fait de surenchère. Elles m'ont décrit les unités qui m'intéressaient le plus simplement du monde. Quand je leur ai demandé s'il était possible d'apporter une petite modification au plan de base, elles ne se sont pas rabattues sur la consigne. Elles ont répondu qu'elles ne le savaient pas, mais qu'elles allaient s'informer. Quand elles sont revenues, on aurait dit qu'elles étaient aussi contentes que moi. «C'est faisable...» Leur gentillesse, leur enthousiasme et le plaisir évident qu'elles éprouvaient à bien faire leur travail ont achevé de me convaincre de signer mon bail... J'oubliais de vous dire que, pour une raison ou pour une autre, mon appartement n'était pas tout à fait prêt quand j'ai voulu en prendre possession et que monsieur Maurice, que je ne connaissais pas personnellement, m'a installé à l'hôtel pendant dix-neuf jours, toutes dépenses payées, jusqu'à ce que je puisse m'installer convenablement chez moi. Des gestes comme ceux-là en disent beaucoup sur les valeurs d'un homme. Ça m'a fait chaud au cœur, en tout cas.

Quand je lui ai demandé comment il employait son temps, il s'est lancé dans une envolée qui ne m'a laissé aucun doute quant à sa sincérité.

— Je vous l'ai dit tantôt. En tant qu'universitaire et professeur d'art, je considère avoir beaucoup reçu de la société. J'ai bénéficié de bourses d'étude et de recherche et j'ai à cœur de lui remettre une partie de ce qu'elle m'a donné. Pour tout vous dire, je fais du bénévolat.

— Du bénévolat?

— Je lave la vaisselle, je fais du ménage dans un certain nombre d'institutions... j'essaie de me rendre utile. Je peins des tableaux, aussi. J'en ai plus de deux cents chez moi. Bref, je profite de la chance que j'ai d'être en bonne santé et de jouir d'une retraite confortable dans un environnement chaleureux et sécuritaire. À mon âge, chaque saison compte. Je les reçois comme autant de cadeaux et je les vis pleinement en attendant que mon nom soit placé sur la liste de rappels.

Je le regardais du coin de l'œil et je me souviens avoir pensé qu'il sera encore là quand j'aurai moi-même 80 ans et qu'il aura probablement l'air plus jeune que moi.

10

L'IMAGE D'OUTREMONT

L'Image est un bâtiment de huit étages situé à l'intersection de l'avenue Rockland et du chemin Bates, dans l'arrondissement Outremont. En plus des aires communes, les résidants ont accès à un grand salon-bibliothèque au dernier étage et à un toit-terrasse avec vue sur le Mont-Royal.

Denise Jetté, adjointe à la mise en exploitation des nouvelles résidences du groupe Maurice, m'a expliqué que les résidants de l'Image viennent majoritairement d'Outremont et de Ville Mont-Royal. Elle m'a également parlé des 21 appartements «services plus» qui sont offerts aux couples dont l'un des deux conjoints a besoin de soins particuliers et qui désirent continuer de vivre ensemble dans le respect de leur autonomie et de leur dignité.

Le jour où j'y suis allé, une fuite de gaz avait causé l'évacuation d'un immeuble au bout de la rue et un employé de la résidence avait invité une cinquantaine de voisins à venir se réchauffer à l'intérieur et se restaurer au bistro.

Les voisins évacués de leur immeuble ne se sont pas fait prier pour inaugurer le bistro de L'Image d'Outremont.

Les premiers résidants de l'Image d'Outremont sont arrivés le 1er septembre 2008 et j'ai visité la résidence à la mi-novembre de la même année. N'ayant personne à interviewer, je me suis tourné vers Luc Maurice. Je lui ai demandé de me parler de l'Image.

— On ne peut pas s'imaginer jusqu'à quel point il est difficile de construire un bâtiment à même le roc du Mont-Royal... mais les résultats sont à la hauteur de nos attentes. Les gens d'Outremont et des alentours sont des gens de qualité qui méritaient une résidence de qualité.

Il a ajouté que depuis l'ouverture, il a vu des résidants s'entraider et des employés s'impliquer de toutes les façons possibles.

— C'est de bon augure, a-t-il conclu.

Je trouve aussi.

Le hall d'entrée de l'Image d'Outremont.

Un des magnifiques appartements de l'Image d'Outremont.

11

LE QUARTIER MONT-SAINT-HILAIRE

Le Quartier est situé au cœur de Mont-Saint-Hilaire, à l'intersection du boulevard Honorius-Charbonneau et de la rue du Centre civique. Il est directement relié au nouveau centre communautaire. Il s'agit d'un bâtiment de cinq étages qui propose 198 appartements-services et 36 studios de soins, un stationnement extérieur de 51 places et un autre de 81 places, à l'intérieur.

Le hall d'entrée du Quartier est habillé de murs d'eau et est doté d'un foyer double-face. Au dernier étage, un salon-verrière est naturellement éclairé par un magnifique puits de lumière.

Les aires communes comprennent, entre autres, une piscine intérieure, un hamman, une salle de massothérapie et un café-bistro.

C'est Louise Boisvert, la responsable du démarrage et de la mise en exploitation des nouveaux complexes du groupe Maurice, qui m'y a accueilli.

Je lui ai demandé de me parler du centre communautaire. J'avais entendu dire qu'il y avait une salle de 350 places à l'intérieur.

Elle m'a expliqué que c'était une idée de Luc Maurice.

— La ville voulait un centre communautaire. Monsieur Maurice lui a proposé d'en construire un et de le lui revendre en bas du prix coûtant en échange d'un bloc d'heures d'utilisation réservées à nos résidants.

Elle m'a emmené dans un salon situé au cinquième étage qui offre une vue imprenable sur le mont Saint-Hilaire. Si j'avais eu le temps, j'y aurais siroté un bol de café au lait en feuilletant le *Science et vie* que je venais d'acheter au dépanneur du coin, mais les ouvriers étaient occupés à tout mettre en place pour l'ouverture officielle qui devait avoir lieu quelques jours plus tard.

Le mont Saint-Hilaire, vu du salon du cinquième étage du Quartier.

D'habitude, c'est moi qui raconte les histoires, mais celle-ci me vient de Luc Maurice.

— L'autre jour, je bavardais avec une dame de 83 ans qui habitait au pied du mot Saint-Hilaire avant d'emménager chez nous. «Savez-vous ce que j'aime ici?» qu'elle m'a dit. «Je fais de l'aquaforme deux fois par semaine. Après l'aquaforme, je prends une bouchée au bistro en attendant mon rendez-vous chez la masseuse. Une fois par semaine, je passe du salon de massage au salon de coiffure. DEUX demi-journées à me faire gâter! C'est pas extraordinaire, ça?»

Il a ajouté que les résidants du Quartier aiment les arts et qu'il vont certainement contribuer à animer le centre communautaire.

— Ce sont des épicuriens au sens noble du terme.

S'il se libère une place en 2015, il n'est pas dit que je n'y déménagerai pas mes pénates.

12

SIGNATURE

Je vous ai assez dit que la plupart des retraités âgés de plus que 75 ans sont autonomes et en bonne santé. Selon Claude Castonguay, vingt pour cent d'entre eux ont cependant besoin de soins et d'assistance en raison de leur état de santé.

C'est pour desservir cette clientèle que Luc Maurice a mis sur pied la bannière «Signature» qui offre des soins de courte et de longue durée aux retraités en perte d'autonomie cognitive ou physique dont l'état de santé nécessite moins de trois heures de soins par jour.

Signature gère 450 studios de soins répartis dans les complexes résidentiels suivants :

Ambiance (Île-des-Sœurs)	48 studios
Les Promenades du Parc (Longueuil)	116 studios
Vent de l'Ouest (l'ouest de l'île)	37 studios
Élogia (rue Sherbrooke Est)	51 studios
L'Image (Outremont)	33 studios
Le Quartier (Mont-Saint-Hilaire)	36 studios
Le Vivalis (Pointe-Claire)	129 studios

La bannière propose ses services aux retraités eux-mêmes ou à leurs familles et accepte des contrats de service du réseau de la santé:

- services de dépannage
- services de répit-dépannage
- services de transition
- soins de longue durée

Chacun d'entre eux jouit d'un traitement personnalisé, après avoir été évalué méticuleusement dans le respect de toutes les normes du Ministère.

Les studios de soins sont climatisés, sécuritaires et joliment décorés. Une attention particulière est portée à leur aménagement et à leur ameublement. Un personnel infirmier qualifié s'occupe des retraités en perte d'autonomie avec un dévouement qui force l'admiration.

J'ai passé pas mal de temps à l'étage des soins de plusieurs des résidences du groupe Maurice et je peux témoigner de l'humanité avec laquelle ils y sont traités. J'y ai rencontré plusieurs résidants en perte d'autonomie et je comprends maintenant jusqu'à quel point la chaleur humaine, la simple convivialité et l'assurance qu'on n'est un fardeau pour personne peut faire une grande différence.

J'ai longuement conversé, par exemple, avec une dame de 75 ans qui souffrait d'une forme très rare de la maladie de Parkinson. Elle ne tremblotait pas vraiment, mais elle avait un mal de chien à parler. Sa voix arrivait à peine à franchir ses lèvres. On aurait dit une ventriloque aphone.

J'ai pris la peine de l'écouter et j'ai été frappé par la vivacité de son intelligence et par sa frustration d'être incapable de la manifester.

— J'ai l'air d'avoir des problèmes cognitifs, mais je suis une battante... enfermée dans un corps qui ne répond plus. Heureusement pour moi, on ne me met pas de pression ici.

Jessica, la récréologue de Vent de l'Ouest qui travaille aussi à la Société Alzheimer du Québec, m'a parlé de la méthode *Carpe Diem*, une approche d'accompagnement qui a l'air de vraiment marcher.

À l'étage des soins d'Ambiance, à l'Île-des-Sœurs, la directrice m'a expliqué que les personnes en perte d'autonomie cognitive sont sensibles à la musique.

— La musique les aide à accepter plus facilement certains types d'interventions. À l'heure du bain, par exemple, quand il nous faut leur demander de se dévêtir, leur pudeur tombe d'un cran quand on leur fait entendre un air de musique.

Ça m'a aidé à comprendre pourquoi monsieur Lechasseur[1] a tellement de succès quand il monte jouer du violon à l'étage des soins de Vent de l'Ouest. Il a plus de 80 ans et il est presque aveugle, mais l'heure

---

1. Voir *Le violon de monsieur Lechasseur* à la page 222.

qu'il passe à chanter avec les personnes atteintes de la maladie d'Alzheimer et d'autres troubles plus ou moins voisins lui fait apparemment autant de bien qu'à elles.

Caroline Brunet est la directrice d'Ambiance Signature. C'est la pionnière du groupe Maurice en matière de soins. Elle est arrivés en 2005 et elle a accueilli les premiers résidants en perte d'autonomie cognitive et physique. C'est une infirmière de formation. Je l'ai interviewée à la fin de ma virée.

— J'ai toujours su que je deviendrais infirmière. J'avais quatorze ans quand un ami m'a présenté sa mère qui venait de transformer les chambres d'amis de leur maison en dortoirs pour personnes âgées. Je lui ai immédiatement proposé mes services.

— À quatorze ans?

— Je l'aidais à faire le ménage, à préparer les repas... Je faisais ce qu'il y avait à faire et j'étais contente de pouvoir les aider.

À seize ans, elle est entrée à l'emploi d'un hôpital pour anciens combattants.

— J'étudiais en même temps. À la fin de mon cours, j'ai offert mes services à l'Hôpital Juif de Montréal.

Elle leur a dit qu'elle voulait «faire sa job d'infirmière», s'occuper des urgences et des «cas lourds», alors ils l'ont assignée aux soins intensifs et je pense que je ne surprendrai personne si j'ajoute qu'elle en a eu pour son argent.

Elle a été recommandée au groupe Maurice en 2005. Le défi était de taille et elle n'a pas hésité à le relever.

Durant les premiers mois, elle ne compte plus les bols de café au lait que Luc Maurice et elle-même ont pris au Café Vienne de l'Île-des-Sœurs pour s'assurer de la bonne marche des choses.

Je lui ai demandé si son travail était prenant.

— Dans quel sens?

— Es-tu en disponibilité vingt-quatre heures par jour?

— Je demande à mes adjoints de me téléphoner s'il y a quelque chose. Quand ils ne le font pas, ça me rassure. Je me dis que tout va bien.

Elle m'a parlé du rituel auquel s'accrochent presque immanquablement ceux et celles qui sont atteints de la maladie d'Alzheimer, par exemple.

— Celles qui s'habituent à porter le pantalon perdent parfois tous leurs repères quand on leur demande de porter une robe...

En l'écoutant, j'ai ressenti un peu de la détresse qui doit habiter les personnes en perte d'autonomie cognitive quand elles rencontrent des gens qu'elles ne connaissent pas, quand on bouleverse leurs habitudes, quand elles ne reconnaissent plus des lieux qui devraient leur être familiers, quand elles voient l'inquiétude dans les yeux des autres... et je me suis dit que ça pourrait bien m'arriver un jour.

Ce jour-là, j'espère qu'il y aura une Caroline Brunet auprès de moi et qu'elle m'aidera à «démêler les fils», comme l'écrit si bien madame Jacqueline Gallant Bujold, de Sept-Îles, dans ce poème qu'elle a publié dans *Le Bel Âge*.

L'ALZHEIMER

Depuis quelque temps, on a embrouillé ma mémoire
Semé la pagaille dans mes idées
Quand je me regarde dans le miroir
Je ne reconnais plus la personne que j'ai été

Un monstre est entré dans ma tête
Un trou noir s'ouvre devant mes yeux à mon insu
Je sens un terrible abîme qui me guette
Aidez-moi, je glisse malgré moi dans un monde inconnu

Autour de moi, tout me semble hostile
Ceux que j'aime me regardent avec frayeur
Je ne sais plus démêler tous ces fils
Qui me lient et me font tellement peur

Je vois le soleil et pourtant je marche dans la nuit
Je ne peux plus réfléchir, tout s'emmêle
Prenez-moi la main, je me sens tellement frêle
Conduisez-moi vers cette personne qui me fuit

Dans ma tête, les portes se ferment une à une
J'oublie même qui je suis, ce que je vis
Mes pensées sont cachées dans la brume
Je ne me rappelle plus ce qu'a été ma vie

Je vous laisse avec mademoiselle Lucie.

MADEMOISELLE LUCIE

— Chez moi, en Haïti, une bonne fille a le devoir de s'occuper de ses grands-parents. C'est la coutume. Si tu ne t'en occupes pas bien, on ne te respectera pas.

— C'est vrai, ça?

— Et comment, que c'est vrai! Vous ne vous occupez pas de vos grands-parents, vous?

— Ils sont morts depuis longtemps.

— Connaissez-vous quelqu'un qui n'aime pas ses grands-parents?

Mademoiselle Lucie fait partie du personnel infirmier du groupe Maurice. Elle a l'air si heureuse de travailler auprès des personnes âgées en perte d'autonomie cognitive que je la cuisine un peu, pour essayer de comprendre.

— Vous ne trouvez pas ça difficile?

— Bien sûr que non... J'ai travaillé partout, mais c'est ici que je me sens le plus utile. Ils ont besoin de moi. Je sers à quelque chose et puis, ils me rappellent mes grands-parents.

— Ça ne vous prend pas toute votre énergie?

Elle éclate de rire.

— Mais non! Je ne pars jamais sans m'être assurée qu'ils n'ont besoin de rien, que ma remplaçante est arrivée, qu'ils ont leurs médicaments. Je ne regarde pas ma montre... Quand je rentre à la maison, je sais que j'ai fait quelque chose de bien et je dors comme un bébé.

Elle a l'air d'une nounou. Elle est intelligente et sensible et je me surprends à penser que si j'étais malade, c'est une femme comme elle que j'aimerais avoir à mes côtés.

— Je vais vous raconter une anecdote. Quand je suis arrivée ici, on m'a demandé de m'occuper d'un vieux monsieur malcommode.

Elle a prononcé ce mot avec une telle douceur que ça m'a fait sourire.

— La première fois que je me suis adressée à lui, il m'a craché dans la figure. J'ai su, après coup, qu'il faisait ça à tout le monde. Je n'ai rien dit tout de suite. Je suis plutôt allée me laver dans la pièce d'à côté... En revenant, je me suis approchée de lui et je lui ai dit qu'il m'avait fait de la peine et qu'il s'était mal conduit envers moi. Et vous savez ce qu'il a fait? Il s'est excusé, il a pris ma main et il l'a embrassée. Nous sommes devenus de bons amis... Si je m'étais dit qu'un Blanc venait de cracher sur une Noire, ou encore qu'un homme avait craché sur une femme, je n'aurais jamais réussi à aller le chercher... Les vieilles personnes sont parfois bourrues et il ne sert à rien de leur cogner sur la tête. Elles ont seulement besoin de se sentir aimées.

En la regardant s'en aller, je me suis surpris à penser que si on entendait plus souvent parler de mademoiselle Lucie et de ses confrères et consœurs qui entourent les « nouveaux vieux » dans les complexes résidentiels de l'avenir, vieillir ferait sans doute beaucoup moins peur...

Luc Maurice, en compagnie de cinq résidants et résidantes des Verrières du Golf.

Remerciements

L'auteur et l'éditeur remercient ceux et celles qui les ont aidés à accoucher de ce livre.

En tout premier lieu, les résidants et résidantes des complexes résidentiels pour retraités du groupe Maurice qui ont si gentiment accepté de nous rencontrer.

Du groupe Maurice lui-même:
Luc Maurice, Marie-Michèle Del Balso, Pierre Richard, Jacques Pearson, Judith Allard, Caroline Crête, Caroline Brunet, Diane L'Écuyer, les directeurs, les récréologues, les préposés et les employés.

Des Éditions Carte Blanche:
Hélène Rudel-Tessier, Michel Rudel-Tessier, Julien Del Busso, Josée Lalancette.

John Hachez, qui a agi en qualité de photographe, de recherchiste et de chauffeur.

Nos amis de chez Cora, du Café Vienne et La Socca (Îles-des-Sœurs) et de la pataterie Chez Philippe (rue Amherst, à Montréal) où l'auteur a écrit quatre-vingt-dix pour cent des pages de ce livre.

TABLE

PREMIÈRE PARTIE

Le gros complexe au bout du stationnement	15
Les ponts de glace	31
Les bâtisseurs du Québec moderne	53
Avoir plus de 75 ans en 2009	73
La vision de Luc Maurice	89
La garde rapprochée du président	97

DEUXIÈME PARTIE

Le tour du propriétaire	123
Les Résidences du Marché	129
Le Notre-Dame	141
Les Verrières du Golf	151
Le Cavalier	159
Ambiance	175
Les Promenades du Parc	187
Les Jardins du Campanile	197
Vent de l'Ouest	215
Élogia	227
L'Image d'Outremont	239
Le Quartier Mont-Saint-Hilaire	243
Signature	247